Hansjörg Martin

DER VERWEIGERER

rororo

Rowohlt

Hansjörg Martin, geb. 1920; Ausbildung als Maler und Grafiker; im 2. Weltkrieg Infanteriesoldat, danach Arbeit als Schaufensterdekorateur, Bühnenbildner, Lehrer, Werbeberater, Clown, Redakteur und Dramaturg; seit 1962 freier Schriftsteller; schreibt Kriminalromane, Kinder- und Jugendbücher; ist Beisitzer in einem Prüfungsausschuß für Kriegsdienstverweigerer; lebt in Wedel bei Hamburg.

Originalausgabe
Veröffentlicht im Rowohlt Taschenbuch Verlag GmbH,
Reinbek bei Hamburg, Mai 1980

Umschlagentwurf Dieter Wiesmüller

Gesetzt aus der Garamond (Linotron 404)
Gesamtherstellung Clausen & Bosse, Leck
Printed in Germany
480-ISBN 3 499 14508 1

I

«Niemand darf gegen sein Gewissen zum Kriegsdienst mit der Waffe gezwungen werden.
Das Nähere regelt ein Bundesgesetz.»

Artikel 4 Absatz 3 des Grundgesetzes der Bundesrepublik Deutschland

«Es ist besser Gewissen ohne Wissen,
als Wissen ohne Gewissen.»
Alter Spruch

I

13. Februar

Morgen vormittag halb elf!

Ich kriege jetzt schon nasse Hände, wenn ich bloß dran denke. Das liegt auch daran, daß jeder was andres sagt.

Pit Mertens sagt, es ist ein Klacks. Er hat's auch gleich im ersten Anlauf geschafft.

Hannes Weiß sagt, es ist echter Terror. Er wartet seit zwei Monaten auf die dritte Verhandlung, nachdem sie ihn die beiden ersten Male haben abblitzen lassen.

Ulf Baumann kann ich nicht fragen. Er sitzt im Knast. Schon wieder, seit einer Woche. Es ist die dritte Bestrafung, seit er kapituliert und die Uniform angezogen hat, nachdem sein Antrag zweimal abgelehnt worden ist.

«Wenn du's erst mal anfängst», hat Hannes Weiß gesagt, «dann mußt du auch durch. Das ist 'ne Nervensache. Aber wenn du mittendrin aufgibst, dann ist es bestimmt noch 'ne viel schlimmere Nervensache, denn dann bist du fünfzehn Monate lang denen ausgeliefert, deren Handwerk du ablehnst und die wissen, daß du dagegen bist. Du kannst Pech haben, und sie machen dich fertig – auf die leise Tour, aber mit allen Schikanen . . .»

Möglich, daß Hannes recht hat. Ulf Baumann jedenfalls sitzt schon wieder im Knast in der Kaserne, weil er einfach nicht zurechtkommt mit seinen Vorgesetzten. Er hat versucht, denen klarzumachen, daß er alles mitmacht: Exerzieren und Geländedienst und auch den Unterricht, Staatsbürgerkunde, oder wie sie das nennen, und Sport und die Übungsmärsche und alles – bloß nichts, wo er eine Waffe anfassen muß, ein Gewehr oder ein Ge-

schütz oder 'ne Handgranate oder so was.
Aber das geht nicht, haben sie gesagt: der Unteroffizier und der Feldwebel und der Leutnant und sogar der Major, zu dem Ulf hingebracht worden ist, als er das dritte Mal abgelehnt hat, auf dem Schießstand einen Karabiner in die Hand zu nehmen.
Der Major, hat Ulfs Freundin Ille gesagt, ist sehr freundlich gewesen. Er hat immer wieder erklärt, daß er Ulf verstehen kann, aber Befehl ist Befehl, und wer einen Befehl nicht ausführt, wer sich weigert, was zu machen, was er nicht einsieht oder was ihm gegen den Strich geht, der ist ein Befehlsverweigerer und muß bestraft werden.

Ich bin auch ein Verweigerer. Ich habe zwar keinen Befehl verweigert, aber ich habe einen Antrag gestellt, als «Kriegsdienstverweigerer» anerkannt zu werden, damit ich nicht Soldat werden muß, sondern statt dessen «Ersatzdienst» machen kann.
Fünfzehn Monate in einem Altersheim oder Krankenhaus oder Kindergarten oder beim Roten Kreuz – ganz egal, nur nicht zum Bund.
Den Antrag habe ich fünf Wochen vor der Musterung gestellt. Und ich bin froh, daß ich das so gemacht habe – *vor* der Musterung, meine ich –, damit sie nicht sagen können, daß ich erst mal spekuliert habe, ob ich nicht «untauglich» geschrieben werde.
Hannes Weiß hat erst *nach* der Musterung seinen Antrag gestellt, obwohl er schon vorher immer gesagt hat, daß er nicht zum Bund will.
Er hat's einfach verbummelt.
Jetzt kann es ihm passieren, daß er geholt wird, weil er schon in zwei Verhandlungen abgelehnt worden ist. Dann ist er natürlich schlecht dran: vor der dritten Verhandlung in die Uniform und in die Kaserne!
Da kriegt er keinen Fuß an die Erde, glaube ich, und kommt gar nicht raus aus dem Knast, wie Ulf Baumann.
Aber mir kann das nicht passieren, denn sie können einen nicht einziehen, wenn man vor der Musterung seinen Antrag gestellt hat. Auch dann nicht, wenn der Prüfungsausschuß einen nicht anerkennt.
So schrecklich viel Bammel brauchte ich also eigentlich nicht zu

haben vor morgen vormittag. Auch wenn sie mich nicht anerkennen, weil sie mir vielleicht nicht glauben, daß es eine «Gewissensentscheidung» ist, kann ich nicht eingezogen werden ... eben weil ich zum Glück *vor* der Musterung geschrieben habe, daß ich den Kriegsdienst verweigere ... aus Gewissensgründen.
Trotzdem kriege ich jetzt schon nasse Hände, wenn ich bloß dran denke ...

2

Wenn mich einer fragt, wie das eigentlich angefangen hat, wie ich auf den Gedanken gekommen bin, dann fällt mir als erstes die Geschichtsstunde ein, die wir vor anderthalb Jahren bei so einem jungen Typ gehabt haben. Steinke hieß der.
Er war Referendar und nur ein paar Wochen an unserer Schule. Ich weiß auch nicht, wo er dann hingekommen ist. Hartmut Bentz meinte, den hätten sie bestimmt wegen seiner linken Sprüche nicht angestellt – aber Hartmut Bentz ist ein Klugscheißer und sowieso gegen alles, was er für «unordentlich» hält.
Sein Vater hat die Fleischereimaschinenfabrik und ist Vorsitzender vom Heimatverein.
Also jedenfalls war das eine unheimlich gute Stunde, die der Steinke mit uns gemacht hat. Eigentlich war was ganz anderes dran, nämlich die Weimarer Republik, aber Steinke hat gefragt, ob wir wüßten, welche geschichtliche Bedeutung der heutige Tag habe.
Keiner hat es gewußt.
Er hat erklärt, daß Hitler am 1. September vor neununddreißig Jahren den Krieg angefangen hat und daß er mit uns darüber reden wollte. Die meisten haben lange Gesichter gemacht, und einige haben sogar lautstark protestiert.
«Ich kann mir denken, warum euch das nicht schmeckt», hat er gesagt, «weil ihr wahrscheinlich diese Kriegsgeschichten von Großvätern oder Nachbarn kennt: wie sie in Afrika feindliche Panzer geknackt oder in Rußland Gefangene gemacht oder sonstwo Heldentaten vollbracht haben – und was sie alles durchgemacht haben: Hunger und Kälte und Achtzig-Kilometer-Märsche

... und so was. Ich kenne die Geschichten auch alle. Und ich kenne auch die Sprüche, die dazu gehören: ‹Es hat uns nichts geschadet!› und ‹Da kriegt man eine andere Einstellung zum Leben!› und ‹Das war ein Stahlbad – da erwies sich, wer was taugte!› – und so weiter. Stimmt's? Habt ihr solche Reden auch schon gehört?»
Die meisten aus meiner Klasse haben genickt.
Ich hab an Herrn Rohmeissel gedacht, der bis letzten Herbst neben uns gewohnt hat. Der war Feldwebel bei der Artillerie gewesen im Krieg. Er hat auch immer erzählt, wie sie «den Iwans Zunder gegeben haben» – und solche Sachen.
Der Steinke hat uns dann Zahlen an die Tafel geschrieben, die waren so wahnwitzig – ich hab sie mir damals notiert:

45 Millionen Menschen sind im 2. Weltkrieg evakuiert, eingesperrt, deportiert oder sonstwie aus ihrem Geburtsort entfernt worden.
21 Millionen haben durch Bomben ihr Hab und Gut verloren.
2 Millionen 429 Tausend und 475 Tonnen Bomben wurden auf Europa abgeworfen.
54 Millionen und 789 Tausend Menschen sind getötet worden – davon allein in der Sowjetunion über 20 Millionen.
Bei uns in Deutschland 6 Millionen 600 Tausend.

«Das sind so erschreckende Zahlen», hat der Steinke gesagt, «daß man es sich gar nicht vorstellen kann. Deshalb will ich euch ein paar Fotos zeigen, heute, am 1. September, zum 39jährigen Jubiläum des Kriegsanfangs.»
Bis dahin hat mich die Unterrichtsstunde nicht besonders interessiert, obwohl ich das schon ganz gut fand, was Steinke da sagte, mit den Sprüchen der alten Kriegsteilnehmer und so – aber als ich die Fotos sah, wurde mir plötzlich klar, wie grausam das gewesen sein muß.
Das waren schaurige Fotos: verstümmelte und zerfetzte Tote und Menschen ohne Arme und Beine, die aber noch lebten, und manche sogar heute noch – mehr als drei Dutzend Jahre später noch leben, und blindgeschossene Kinder und Männer mit Gesichtern wie Teufelsfratzen, von Narben und Nähten bis zur Unmenschlichkeit entstellt und so weiter ... und so weiter.
Mir ist ganz elend geworden bei den Bildern. Ines Bachmann hat leise zu heulen angefangen, und es war sonst ganz still in der Klas-

se. Unheimlich still, wie bei einer schweren Klassenarbeit – nur eine andere Art von Stille, als ob eben einer gestorben wäre und läge da noch rum.
Dann hat der Steinke die Fotos wieder eingesammelt. Er hat gesagt, daß das ein Thema sei, über das man mehrere Stunden reden müsse. Aber da er nur diese eine Stunde bei uns hätte, wollte er uns lieber noch ein Stück aus einem Buch vorlesen, das uns vielleicht ein paar Denkanstöße geben könnte. Es war ein Buch vom Krieg. Keins mit Zahlen und Namen von Städten oder Schlachtfeldern oder Generälen. Da erzählte einer, wie er eine Nacht lang neben einem in einem Granattrichter gelegen hat und sie nicht raus konnten, weil die anderen immerzu geschossen haben – und der andere hatte einen Schuß im Bauch und starb sechs Stunden lang.
Es war eine schauderhafte Geschichte, und der Steinke las sie auch so vor, daß man das richtig sah und roch und hörte, was da los war.
Furchtbar. Wir waren jedenfalls alle echt geschafft und eher erleichtert, als es zur Pause klingelte.
Auf dem Schulhof gab es gleich eine Diskussion. Hartmut Bentz schimpfte. Das wäre wieder so eine typische linke Stunde gewesen, sagte er, und man müßte den Typ eigentlich anzeigen. Wie der uns zu beeinflussen versucht hätte, das wäre ja nicht mehr feierlich. Schließlich könnte man den 2. Weltkrieg und überhaupt jeden Krieg auch anders sehen. Als Fortsetzung der Politik mit anderen Mitteln, zum Beispiel. Und als Selbsterhaltungstrieb eines Volkes. Es hätte immer Kriege gegeben und würde immer Kriege geben, das wäre eben ein Naturgesetz, und damit müßten die Menschen leben.
«Leben?» hab ich böse gefragt, weil mir das auf den Wecker ging, diese Phrasendrescherei. «Leben? Hast du gesagt, man muß mit dem ‹Naturgesetz Krieg› leben? Ich halte das für eine Krankheit wie die Schwarzen Pocken oder die Pest oder die Tuberkulose. Man muß sich nicht damit abfinden. Man muß was dagegen tun, verdammt noch mal!»
Ines Bachmann meinte: «Ja, richtig, der Wolfgang hat recht! Ich bin schon lange der Meinung, daß man so was nicht alles unter den Teppich kehren darf.»
Und das hat mich gefreut, eben gerade weil es Ines war, die das

gesagt hat, denn ich fand schon lange, daß sie ein duftes Mädchen ist. Und ein paar andere haben auch genickt. Manfred Seidel hat mich gefragt:
«Was willst du denn da tun?»
Und Hartmut kam wieder mit 'ner zynischen Bemerkung:
«Wolfgang Bieber macht 'ne Friedensbewegung auf, so wie der Schwarze in den USA, der Martin Luther King, haha!»
Ich hätte es gern mal drauf ankommen lassen und ihm 'n Tritt verpaßt, aber es hat zur Stunde geklingelt, und das war auch gut so, denn es lohnt sich nicht, sich mit so 'nem Typ wie Hartmut überhaupt anzulegen.
Wir hatten zwei Stunden Kunst. Frau Kliebhahn hat uns Dias von Bildern expressionistischer Maler vorgeführt, die wir miteinander vergleichen sollten. Das war ganz interessant, aber ich bin die ganze Zeit die Gedanken an die Fotos nicht losgeworden, die uns der Steinke gezeigt hatte, und an die Geschichte, die er vorgelesen hatte.
So hat das angefangen bei mir, vor anderthalb Jahren ...

3

Kann sein, daß ich trotzdem nicht gleich auf die Idee gekommen wäre, den Antrag auf Anerkennung als Kriegsdienstverweigerer zu stellen, wenn nicht ausgerechnet an jenem Tag der Brief dagelegen hätte, als ich mittags – noch bedrückt von dem Erlebnis in der Schule – nach Hause kam.
«Da ist so ein amtlicher Brief für dich gekommen, Wolfgang», sagte meine Mutter.
«Was wollen die denn?» fragte ich.
«Weiß ich doch nicht», sagte sie. «Ich mach doch deine Post nicht auf. Hast du denn irgendwas ausgefressen?»
«Nee», sagte ich – aber ich war mir natürlich nicht so ganz sicher. Irgendwo hat man ja immer ein schlechtes Gewissen. Vielleicht hatte ich mit meinem Mofa irgendwann mal 'ne Vorfahrt nicht beachtet oder sonstwas.
Es war aber keine Anzeige und überhaupt nichts von der Polizei.

Stadt Neustadt

Der Bürgermeister
- Örtl. Ordnungsbehörde -
* 000070
Erfassungsbehörde

943 Neustadt, den 3o. August 1978

Herrn

B i e b e r,
Wolfgang

Amselsteg 13
943 Neustadt

Aufforderung zur Erfassung

Sehr geehrter Herr !

Nach § 1 Abs. 1 Nr. 1 des Wehrpflichtgesetzes in der Fassung vom 25. Mai 1962 (Bundesgesetzbl. I S. 349) sind Sie wehrpflichtig. Die Wehrpflichtigen Ihres Geburtsjahrganges sind zur Erfassung aufgerufen.

Auf Grund des § 15 Abs. 2 Satz 1 des Wehrpflichtgesetzes werden Sie aufgefordert, sich

am 13. Sept. 1978 in der Zeit von .... bis um 10 45 Uhr

bei Ordnungsamt, Rathaus, Zimmer 11
(Dienststelle, Straße, Hausnummer)

persönlich zur Erfassung zu melden.

Zur Erfassung wollen Sie bitte Ihren Personalausweis oder Reisepaß und – soweit vorhanden – die in der öffentlichen Bekanntmachung genannten Unterlagen mitbringen. Sie finden diese Bekanntmachung ~~an den Anschlagsäulen,~~ in der Tagespresse, am Schwarzen Brett der Gemeinde.

Falls Sie sich während des Erfassungszeitraumes nicht am hiesigen Ort – aber innerhalb des Geltungsbereichs des Wehrpflichtgesetzes (Bundesrepublik ohne Berlin) – aufhalten, wollen Sie bei der Erfassungsbehörde Ihres derzeitigen Aufenthaltsortes unter Vorlage dieses Schreibens zwecks Erfassung vorsprechen. Sofern Sie aus einem wichtigen Grund, z. B. wenn Sie sich außerhalb des Geltungsbereichs des Wehrpflichtgesetzes aufhalten, verhindert sein sollten, dieser Aufforderung nachzukommen, wird um sofortige Mitteilung gebeten. Fahrkosten für eine Fahrt von Ihrem derzeitigen Aufenthaltsort zur oben angegebenen Meldestelle werden nicht erstattet.

Schwerbeschädigte und andere Wehrpflichtige, die nicht nur vorübergehend um wenigstens 50 von Hundert in ihrer Erwerbsfähigkeit gemindert sind (Schwererwerbsbeschränkte), sind von der persönlichen Meldung befreit, wenn sie der Erfassungsbehörde bis zu dem für sie bestimmten Erfassungstermin unter Angabe ihres Vor- und Familiennamens, ihres Geburtsdatums und ihrer Anschrift folgendes schriftlich mitteilen:

a) Schwerkriegsbeschädigte:
Datum und Aktenzeichen des letzten Versorgungsbescheides und das ausstellende Versorgungsamt;

b) andere Schwerbeschädigte:
Datum und Aktenzeichen des letzten Bescheides über die Erwerbsminderung sowie die Stelle, die den Bescheid erlassen hat, oder, falls ein solcher Bescheid nicht ergangen ist, Datum und Listen-Nummer des gültigen Schwerbeschädigtenausweises und die ausstellende Behörde;

c) Schwererwerbsbeschränkte:
Datum und Listen-Nummer des gültigen Ausweises für Schwererwerbsbeschränkte und die ausstellende Behörde.

Wehrpflichtige Arbeitnehmer haben nach § 12 des Arbeitsplatzschutzgesetzes diese Aufforderung unverzüglich ihrem Arbeitgeber vorzulegen.

Näheres über mit der Wehrpflicht zusammenhängende Fragen erfahren Sie aus dem beiliegenden Merkblatt des Bundesministers der Verteidigung.

Im Auftrage:
[signature]

Formblatt 4 b JD 2640 20 000 10 63

Es war ein vorgedrucktes Schreiben der Stadtverwaltung, genauer: vom Bürgermeister der Stadt, Örtliche Ordnungsbehörde. Ich war nicht überrascht, als ich das grüne Kuvert öffnete, denn so einen Brief hatten schon mehrere Jungen aus meiner Klasse gekriegt und mit in die Schule gebracht.
Einige waren sogar richtig stolz darauf gewesen.
«Aufforderung zur Erfassung» stand da fettgedruckt drüber. Und dann hieß es:
«Sehr geehrter Herr!» – Keine Anrede mit Namen, nur «Herr» und Ausrufungszeichen.
«Nach § 1 Abs. 1 Nr. 1 des Wehrpflichtgesetzes in der Fassung vom 25. Mai 1962 (Bundesgesetzblatt I S. 349) sind Sie wehrpflichtig. Die Wehrpflichtigen Ihres Geburtsjahrganges sind zur Erfassung aufgerufen.
Auf Grund des § 15 Abs. 2 Satz 1 des Wehrpflichtgesetzes werden Sie aufgefordert, sich am 13. September 1978 in der Zeit von – bis, um 10 Uhr 45 beim Ordnungsamt, Rathaus, Zimmer 11 persönlich zur Erfassung zu melden.
Zur Erfassung wollen Sie bitte Ihren Personalausweis oder Reisepaß und – soweit vorhanden – die in der öffentlichen Bekanntmachung genannten Unterlagen mitbringen. Sie finden diese Bekanntmachung in der Tagespresse und am Schwarzen Brett der Gemeinde.»
Und dann noch eine Dreiviertelseite mit näheren Erläuterungen.
Zum Schluß, als letzte Zeile über der unleserlichen Unterschrift, stand:
«Näheres über mit der Wehrpflicht zusammenhängende Fragen erfahren Sie aus dem beiliegenden Merkblatt des Bundesministers der Verteidigung.»
Das beiliegende Merkblatt war ein 16seitiges Heft. Ich habe es genau gelesen und mich zunächst mal über die komische und ungewöhnliche Sprache gewundert, in der das geschrieben war.
Da gab es Worte, die ich noch nie gehört oder gelesen hatte: «Kreiswehrersatzamt», «Soldatenlaufbahnverordnung», «Befreiungstatbestand», «Unabkömmlichstellung», «Unterhaltssicherungsbehörde» – und so weiter.
Ich habe gedacht, was das für ein wichtiges Unterrichtsfach in der Schule wäre, so was kennen-, lesen- und verstehenzulernen. Doch

wir haben in Gemeinschaftskunde wochenlang über die verschiedenen Staatsformen geredet – aber so ein Merkblatt hat uns keiner gezeigt oder erklärt. Na ja.

Bei dem Schreiben von der Stadtverwaltung bin ich ziemlich sauer geworden. Das war mal wieder ein typisches Beispiel dafür, wie man mit Behörden-Briefen und Merkblättern die Leute einschüchtern kann. Diejenigen nämlich, die dieses komische Amtsdeutsch nicht verstehen, werden schon aus lauter Ehrfurcht vor den Behörden-Briefbögen und -Stempeln alles glauben und schlucken und für unabänderlich halten, was da steht. Aber ich bin auch noch aus einem anderen Grund sauer geworden.
Da lag nämlich außer dem «Merkblatt des Bundesministers der Verteidigung für junge Wehrpflichtige» auch gleich eine Reklame bei: «Soldat auf Zeit». So ein schöngedruckter Handzettel – schwarz-weiß-rot –, mit dem für die Soldatenkarriere geworben wurde.
Das war viel verständlicher formuliert als das amtliche Zeug – Aufforderung zur Erfassung und Wehrpflichtgesetz. Es war verlokkend, was da stand. Wieviel man als «Soldat auf Zeit» gleich am Anfang verdienen kann, und was der Staat alles Dolles für seine Soldaten auf Zeit tut: Ausbildung und Versicherung und Sorge für die Familie und weiß der Kuckuck was alles – phantastisch! Einer, der sich acht oder zwölf Jahre verpflichtet, kann dann auf Staatskosten studieren, sich mit staatlicher Hilfe ein Haus bauen und kriegt sogar noch ein paar zigtausend Mark in die Hand, wenn er die Zeit rum hat.
Das alles mag soweit in Ordnung sein, denn Reklame ist erlaubt –, aber für die Kriegsdienstverweigerer war in dem amtlichen Brief kein Flugblatt drin, auf dem vielleicht gestanden hätte, welche Vorteile es hat, wenn man fünfzehn Monate lang alten Leuten hilft oder Kranke pflegt oder behinderte Kinder betreut.
Meine Mutter kam aus der Küche und fragte, als sie mich da mit saurem Gesicht sitzen sah, was denn das für ein Brief wäre. Ob es was Ärgerliches sei oder was.
«Ich werde erfaßt», sagte ich.
«Erfaßt? Wofür erfaßt?» fragte sie und beugte sich über den Brief, der auf dem Tisch lag, und las und wurde schon, ehe ich was erklä-

ren konnte, bei der ersten Zeile blaß und setzte sich auf die Stuhlkante.

«Du ... du sollst ... du sollst Soldat werden!?» stotterte sie.

«Ja», sagte ich. «Mein Jahrgang ist dran. Aus meiner Klasse sind schon mehrere erfaßt und zwei sogar schon gemustert. Aber sie ziehen niemanden ein, der noch zur Schule geht. Ich hab also noch anderthalb Jahre Zeit.»

Meine Mutter sagte gar nichts. Sie hatte die Hände vors Gesicht gelegt. Ich konnte also nicht sehen, was sie für eine Miene machte. Nach einer ganzen Weile sagte sie zwischen den Fingern durch:

«Ich war knapp fünf, als der Krieg anfing, und neun, als mein Vater bei Charkow fiel, und eben über zehn, als wir Allenstein verlassen mußten und sieben Wochen auf der Flucht waren, bis wir wieder ein richtiges Dach über dem Kopf und ein Bett hatten ... wenn auch nichts zu essen außer fünf Scheiben Maisbrot und fünfzig Gramm Fett pro Woche. Ich habe dir nie viel davon erzählt, Wolfgang. Das war alles so furchtbar ...»

Sie fing an zu weinen.

Ich wußte nicht, was ich machen sollte. Meine Mutter weint nur ganz selten. Ich habe es bloß drei- oder viermal erlebt. Und nie hab ich da gewußt, was ich machen sollte, hab immer blödsinnig hilflos daneben gestanden.

«Hör doch auf, Mama!» hab ich also sagen wollen – aber ich war so heiser, daß ich nur was Unverständliches krächzen konnte.

Ich langte über den Tisch und legte ihr die Hand auf die Schulter.

«Mußt nicht weinen!» sagte ich, nachdem ich mir die Kehle freigeräuspert hatte. «Vielleicht brauche ich ja nicht Soldat zu werden.»

Sie nahm die Hände vom Gesicht und sah mich ganz erstaunt an.

«Warum nicht? Du bist doch gesund! Du wirst bestimmt tauglich geschrieben, und dann mußt du hin, o Gott, mein Junge ...» – und schon ging's wieder los mit den Tränen.

«Ich will vielleicht verweigern», sagte ich, und ich wunderte mich über mich selber, denn so klar hatte ich mir das eigentlich noch nicht gemacht, weil ich auch noch nie richtig darüber nachgedacht hatte.

Aber nun passierte was ganz Unerwartetes. Ich hatte ja geglaubt, daß meine Mutter sich darüber freuen würde, wenn ich nicht Sol-

dat werden wollte und daß ich sie damit trösten könnte. Sie sah mich beinahe noch entsetzter an und rief:
«Verweigern? Aber, das ist doch ... das kannst du doch nicht machen!»
«Warum nicht?» wollte ich verblüfft wissen.
«Wolfgang, du gehörst doch nicht zu den Gammlern und Hippies, die ...»
«Sag bloß noch ‹Drückeberger›!» sagte ich wütend.
«Nein, nein – das meine ich ja nicht», sagte sie beschwichtigend. «Aber du mußt doch zugeben, daß das nur eine bestimmte Sorte Leute ist, nicht wahr?»
«Findest du die schlechter als die Soldaten?» fragte ich – schon böse.
«Schlechter?» meine Mutter schüttelte den Kopf. «Nein, aber es sind so viele dabei, die einfach ... na ja, einfach bloß feige sind.»
«Hältst du die für mutig, Mama, die sich in ein Bombenflugzeug setzen und Bomben oder Napalm auf Dörfer und Städte schmeißen? Oder die eine ferngesteuerte Rakete abschießen? Oder die Gasangriffe vorbereiten?»
«Nein – sicher nicht, Wolfgang, bestimmt nicht», sagte sie. «Doch du mußt zugeben, daß es immer irgendwo den Beigeschmack von ... na, von mangelnder Vaterlandsliebe und so hat, wenn einer sich weigert, Soldat zu werden ...»
Ich hätte sie gerne gefragt, was sie unter Vaterlandsliebe versteht – aber ich hatte keine Lust, mich mit ihr zu streiten, zumal ich auch nicht verstand, wie man einerseits bei dem Gedanken an Soldaten und Krieg heulen konnte und es andererseits unmöglich fand, wenn der eigene Sohn da nicht mitmachen wollte.
Wir haben später noch öfter darüber geredet, meine Mutter und ich, denn wir stehen ziemlich gut miteinander, seit mein Vater weg ist, der Spinner, und ich habe dann auch kapiert, was sie gemeint hat und warum sie Angst gehabt hat bei meinem Entschluß.
An diesem Mittag habe ich nichts mehr gesagt, doch in meinem Kopf rotierte es, und ich überlegte, was ich nun weiter unternehmen konnte, um zu einer richtigen Entscheidung zu kommen ...

4

Nach dem Essen helfe ich meiner Mutter oft in der Küche. Dabei reden wir sonst über alles mögliche: über die Schule, Freunde, Nachbarn, über die Arbeit, die meine Mutter macht – sie geht jeden Vormittag von sieben bis zwölf in einen Kindergarten für behinderte Kinder, ein harter Job, aber sie macht das gern, sagt sie. Wir reden über die Politik in unserer Stadt und überhaupt über Politik, aber auch über persönliche Probleme und über hunderterlei andere Sachen.
An dem Tag, als die «Aufforderung zur Erfassung» gekommen war, hab ich nur den Tisch abgeräumt und mich danach schnell auf mein Zimmer verzogen; hab mich aufs Bett gelegt, Patti Smith gehört und versucht, meine Gedanken zu ordnen.
Dann bin ich um drei los zum *AJC*, wo ich mit Conny über das Problem reden wollte.
Conny heißt Cornelius Heppe. Er ist schon 24 und hat 'ne Menge auf dem Kasten, was solche Fragen anbetrifft. Seit zwei Jahren studiert er Jura, glaub ich.
Bei ihm kann man sich immer Rat holen, wenn man irgendwelche Schwierigkeiten mit der Polizei, seinen Eltern, in der Schule oder am Arbeitsplatz hat. Denn er kennt da die meisten Vorschriften, Verordnungen und Gesetze.
Da war ein halbes Jahr vorher die Sache mit Heinz Wiegmann gewesen. Der war von seinem Vater vor die Tür gesetzt worden, weil er bei einer Demonstration gegen Fahrpreiserhöhung – fünfundzwanzig Prozent mehr für eine Fahrt wollten sie haben, hirnrissig – festgenommen worden war.
Er wolle so einen Kriminellen nicht auch noch durchfüttern! – hatte Heinz Wiegmanns Vater gebrüllt und hatte ihm seine Sachen und alle Bücher und Platten und den Plattenspieler vor die Haustür geschafft, als Heinz in der Schule war.
Das war eine böse Kiste. Wir haben dann alle geholfen, die Sachen in das Haus von Pastor Lüdmann zu bringen, wo Heinz fürs erste wohnen konnte. Der Plattenspieler war kaputt. Der alte Wiegmann hatte in seiner Wut den Tonarm abgebrochen.
Da war Conny zu großer Form aufgelaufen und hatte dem Heinz mit sehr guten Ratschlägen über die Runden geholfen, und er hatte

alles mögliche organisiert, nicht nur die Unterkunft bei Pastor Lüdmann und später in der Wohngemeinschaft, sondern auch den Rechtsanwalt, der dem alten Wiegmann klarmachte, daß er seinem Sohn die Ausbildung zahlen mußte ... und so weiter.

Ohne Connys Hilfe wäre da nichts gelaufen, glaub ich, oder alles schief ...

Ich wollte also im *AJC* – das heißt «Altstadt-Jugend-Club», und es ist ein früheres Feuerwehrgebäude in einer schmalen Straße hinter dem Markt –, dort wollte ich also mit Conny über Kriegsdienstverweigerung reden. Er ist nachmittags oft dort, weil er sich neben seinem Studium für so soziale Sachen interessiert und vielleicht auch mal so was wie 'n Jugendpfleger oder Heimleiter oder so was werden will.

Als ich hinkam, saß Conny gerade mit ein paar Leuten zusammen, die sich nicht einigen konnten, ob es mittlerweile zu viele Jugendliche oder zu wenig Arbeit gibt. Ich konnte mich an der Diskussion aber nicht beteiligen, weil ich mit meinen Gedanken einfach ganz woanders war.

«Conny», sagte ich, «ich würde dich gerne mal kurz sprechen.»

«Ist irgendwas passiert?» fragte er.

«Ich hab heute meinen ersten amtlichen Brief gekriegt, ‹Aufforderung zur Erfassung›. Bist du eigentlich beim Bund gewesen?»

«Nein», sagte er. «Ich habe damals einen Antrag auf Anerkennung als Kriegsdienstverweigerer gestellt, aber dann bin ich schon bei der Musterung als ‹untauglich› eingestuft worden – wegen eines ‹Scheuermanns›, von dem ich vorher gar nichts wußte.»

«Was ist das denn?» fragte ich.

«Das ist eine Rückengeschichte, 'ne Wirbelsäulenerkrankung, wenn man die hat, kann man nicht Soldat werden – aber ich wollte das ja sowieso nicht, also hat's mich nicht gekratzt, verstehst du? Wenn wir noch weiter darüber reden wollen, sollten wir uns vielleicht lieber woanders hinsetzen. Komm, wir gehen einfach in die Bibliothek, da haben wir jedenfalls Ruhe.»

‹Bibliothek› – das klingt so großartig. Dabei stehen da höchstens vierzig bis fünfzig Bücher auf dem Regal, meistens zerlesene Taschenbücher, und dazu 'n paar langweilige Zeitschriften, eine über Kunstgeschichte, die mal ein Vater für den AJC abonniert hat und

die kein Mensch anguckt, und eine für Leute, die angeln und so; liest auch keiner.
Wir setzten uns. Conny aufs Fensterbrett, ich auf einen der wakkeligen Hocker, die wir mal auf dem Sperrmüll gefunden und hierhergebracht hatten.
«Dann hast du auch keinen Ersatzdienst gemacht?» fragte ich.
«Brauchte ich ja nicht», sagte Conny. «Ich wollte darauf bestehen, daß ich vor den Prüfungsausschuß komme – aber dann habe ich es gelassen. Das wäre bloß eine Demonstration gewesen. Bißchen albern, fand ich, sich als Verweigerer anerkennen oder ablehnen zu lassen, wenn man sowieso nicht hin muß. Ich weiß auch gar nicht, ob sie Untaugliche überhaupt prüfen ...»
«Und warum wolltest du denn verweigern?» fragte ich weiter.
«Weil ich Phantasie habe», sagte er und guckte mich voll Neugier an, wie ich darauf wohl reagieren würde.
Ich war natürlich überrascht bei dem Wort «Phantasie», aber ich konnte mir spontan etwas darunter vorstellen.
«Du hast dir vorgestellt, daß du auf jemanden schießen mußt, ja? Auf jemanden, der lebt, der atmet und guckt und –»
«Genau das!» sagte Conny. «Ich habe mir ganz genau, bis in alle Einzelheiten, ausgemalt, wie das wäre. Ich hatte ja schon geschossen. Auf dem Jahrmarkt, weißt du, so nach Blumen an der Schießbude. Die bunten Kunststoffblumen, die in so kleinen weißen Tonröhrchen stecken – die hatte ich schon geschossen. Das macht Spaß. Ich gebe zu, daß es mir auch heute noch Spaß macht. Aber als ich wußte, daß ich Soldat werden sollte – vor der Musterung, verstehst du –, da habe ich angefangen, drüber nachzudenken, was das denn bedeutet. Und da ist mir klargeworden, daß es dann – im Falle eines Krieges – keine kleinen weißen Tonröhrchen mehr sind, auf die ich zielen muß, sondern ein Körper, ein lebender Körper. Und ich habe meinen eigenen Körper angeguckt. Wann guckt man denn schon mal seinen eigenen Körper an, Mensch? Okay, vor dem Spiegel oder beim Duschen ... So hab ich aber nicht geguckt. Ich hab meine Finger angeguckt und sie bewegt. Das ist doll, solche sich bewegenden Finger, du! Und ich habe meine Ellbogen und Knie angeguckt und die Fußgelenke und die Zehen – und habe alles bewegt. Ganz langsam gedreht und angewinkelt und gekrümmt und so weiter. Und mein Gesicht hab ich

im Spiegel zu allerlei Fratzen verzogen, blöden, bösen und freundlichen Fratzen. Mit den Augen hab ich geblinzelt und hab sie gerollt ... und den Mund hab ich auf und zu gemacht ... eine ganze Weile. Verrückt! Dann hab ich meine rechte Handfläche auf meine linke Brustseite gelegt und habe gemerkt, wie das da drin klopft ... Ja. Und dann hab ich mir überlegt, daß das alles bei anderen Menschen auch so ist. Eigentlich unbegreiflich doll. Sicher können die Mediziner dir genau erklären, welche Nervenimpulse von welcher Stelle im Gehirn die Bewegung deiner Finger und Knie und Ellbogen und Zehen steuern und wie es möglich ist, daß der Muskel in deiner Brust immerzu pocht und dich damit am Leben erhält. Das können sie alles genau beschreiben, Wolfgang, aber sie können es nicht nachmachen. Sie können es bestimmt genau konstruieren, aber es wird nicht lebendig – weil, nun, weil es eben nicht möglich ist, Leben zu konstruieren. Nicht mal eine Fliege können sie machen, geschweige denn einen Menschen ...»

Conny machte eine Pause. Er zog seine Füße auf die Fensterbank und sah hinaus auf die Straße.

Ich sagte nichts.

«Und deshalb», fuhr er fort, «genau deshalb, weil ich nichts zerstören kann und will und – ja, meinetwegen – darf, was so unersetzlich ist, so ganz und gar nicht zu reparieren, deshalb kann ich nicht auf einen Kopf oder auf eine Brust zielen, den Finger am Abzug eines Gewehrs, aus dessen Lauf der Tod kommt ... Deshalb kann ich nicht auf Menschen schießen. Das kannst du Gewissen nennen, oder wie du willst. Ich sage ‹Phantasie› dazu. Leute ohne Phantasie machen sich da sicher keine Gedanken. Vielleicht haben die es leichter ...»

Ich war echt beeindruckt von Connys langer Tirade. Der hatte sich mit dem Problem wirklich richtig beschäftigt.

«Was willst du denn machen?» fragte er jetzt. «Willst du hin zum Bund oder was?»

«Ich weiß nicht», sagte ich. «Ehrlich gesagt, habe ich mich noch nicht genug mit der ganzen Sache beschäftigt.»

«Dann mußt du das aber schleunigst nachholen», sagte er. «Informiere dich. Red mal mit einem, der im Krieg war. Vielleicht findest du einen, der schwer verwundet ist oder länger in Gefangenschaft war. Und – red auch mal mit einem, der Ersatzdienst macht

... So ein Wort: ‹Ersatzdienst›! Als ob das was Minderwertiges wäre, ein Ersatz für vaterländische Pflichterfüllung ... Und red mal mit einem, der Soldat ist. Wenn möglich, auch mit einem Offizier.»

«Ja, mach ich. Nächste Woche kommt ein Offizier zu uns in die Schule ...», sagte ich.

«Ach nee», sagte Conny, «und was will der?»

«Da kommen immer mal welche», erklärte ich. «Die halten Vorträge in den oberen Klassen und informieren die Jungens über die Bundeswehr.»

«Kommen auch Kriegsdienstverweigerer und halten Vorträge über den Ersatzdienst?»

«Nein», sagte ich.

«Siehste», sagte er. «Und dann reden unsere Politiker und Bildungsfritzen immer von Meinungsfreiheit und ausgewogenen Informationen. So sieht das in der Praxis aus! Aber wenn du dich rundherum informiert hast, Wolfgang, und du weißt immer noch nicht, was du machen sollst, wie du dich entscheiden sollst, dann setze dich mal eine Viertelstunde in deiner Bude vor einen Spiegel, schneid Gesichter und guck dir zwischendurch an, wie sich deine Finger bewegen, und denk dabei daran, daß ein fingernagelkleines Stück Stahl das alles mit einem Schlag – mit einem Schuß – zunichte machen kann. Und vergiß nicht, daß du andere – irgendeinen fremden Menschen aus der Sowjetunion, Afrika, China oder bloß von nebenan aus der DDR –, daß du den auch mit dem leichten Knicken deines Zeigefingers am Abzug eines Gewehrs auslöschen kannst!»

Er sprang vom Fensterbrett ins Zimmer, stand einen Moment lächelnd vor mir und faßte mich sachte an der Schulter.

«Du mußt sehr genau darüber nachdenken!» sagte er von der Tür her. «Tschüs, Wolfgang, mach's gut.»

«Tschüs, Conny!» gab ich zurück.

5

Ich blieb noch eine Weile dort hocken und dachte über das nach, was Conny gesagt hatte. Das war eine tolle Erklärung gewesen: «... weil ich Phantasie habe!»

Ganz unwillkürlich guckte ich meine rechte Hand an und bewegte die Finger. So was!
Zwei Mädchen kamen rein in die Bibliothek. Die eine, Christine, wohnt im gleichen Haus wie Ines.
«Hallo, Wolfgang!» sagte sie. «Was machst du denn hier! Geht's dir nicht gut?»
«Doch. Ich hab nur über was nachgedacht», sagte ich. «Weißt du, ob Ines noch herkommt?»
«Sie wollte erst, aber dann mußte sie noch zu ihrem Onkel rausfahren nach Heikendorf. Da ist die Frau krank, hat sie gesagt, und er kommt alleine nicht zurecht.»
«Ich weiß», sagte ich, «Onkel Gerhard, der hat keine Hände.»
«Was?» rief Christine. «Ein alter Mann ohne Hände? Wo gibt's denn das? Wie alt ist 'n der?»
«Sechzig oder noch älter», sagte ich.
«Früher hat's doch noch gar keine Contergankinder gegeben – oder?» sagte Christine.
«Aber Krieg», sagte ich, denn ich wußte von Ines, daß ihr Onkel seine Hände im Krieg verloren hatte.
Das war überhaupt die Idee! Mit dem mußte ich reden!
Ines hatte mir zwar erzählt, daß ihr Onkel ein schwieriger Mann sei, wegen seiner schweren Behinderung – aber fragen könnte ich ihn ja. Mehr als daß er nein sagt, könnte ja eigentlich nicht dabei passieren.

Also schwang ich mich noch am gleichen Nachmittag auf mein Mofa und fuhr raus nach Heikendorf, um es zu probieren. Wenn Ines dort war, hatte ich auch gleich jemanden, der mir Schützenhilfe geben konnte.
«Schützenhilfe» – was für ein Wort!
Während ich aus Neustadt raus die Landstraße nach Heikendorf ratterte, überlegte ich, was wir alles für Soldaten- und Kriegsausdrücke in unserer Sprache haben. Das ist ja wirklich erstaunlich und beinahe beängstigend:
Schützenhilfe – den Marsch blasen – auf Vordermann bringen – Zunder geben – keinen Schuß Pulver wert – wie aus der Pistole geschossen – komm du mir bloß vor die Flinte! – Treffer! – Voll-

treffer! – ins Visier ... aufs Korn nehmen – ein Bombenkerl, Bombenerfolg, bombensicher ...

Viele, viele Worte, die wir so täglich gebrauchen, ohne uns Gedanken darüber zu machen, was sie eigentlich bedeuten. Wir finden Chaplin zum Schießen und Heino zum Abschießen und sagen das so hin und denken uns nichts dabei.

Das ist eigentlich schlimm, finde ich ...

Nach zwanzig Minuten war ich in Heikendorf, und mir fiel ein, daß ich überhaupt nicht wußte, wie Ines' Onkel mit Nachnamen hieß und wo er wohnte. Das Dorf hat vielleicht fünfhundert Einwohner oder sogar noch ein paar mehr. Ich konnte ja nicht von Haus zu Haus gehen und fragen: «Wohnt hier der Onkel von Ines Bachmann?»

Wenn ich wenigstens gewußt hätte, ob es der Bruder ihres Vaters oder ihrer Mutter war – aber darüber hatten wir natürlich nie geredet, wenn wir von ihm gesprochen hatten.

Heikendorf ist ein hübsches Nest. Da gibt's noch einen richtigen Dorfplatz, an dem die alte Kirche aus dunkelrotem Backstein steht, und eine Reihe alter Bäume, Linden, glaub ich, und natürlich auch ein Kriegerdenkmal, mit einem Adler aus Gußeisen oben drauf, einer viereckigen steinernen Säule, in deren Seiten lauter Namen eingemeißelt sind.

Unheimlich viele Namen für so ein kleines Dorf.

Das Denkmal ist mit einem Gitter eingezäunt. In das Gitter hat der Schmied eiserne Kreuze reingeschmiedet. Auf den eisernen Kreuzen stehen die Namen der berühmten Schlachten: Verdun, Tannenberg und so weiter. Die Schrift war gerade frisch nachgemalt worden. Das sah sehr ordentlich aus. Davon haben zwar die toten Soldaten nichts, aber es beruhigt vielleicht das Gewissen der Hinterbliebenen.

Neben dem Kriegerdenkmal standen ein paar Jungen, die ihre Fahrräder und Mofas gegen das Denkmalsgitter gelehnt hatten. Das war bestimmt verboten. Wenn der Bürgermeister das sah oder der Dorfpolizist, dann gab es sicher Zoff.

Ich stoppte meine Maschine und fragte die Jungen, ob sie mir wohl sagen könnten, wo ein älterer Mann im Dorf wohne, der mit Vornamen Gerhard hieße und keine Hände mehr hätte. Sie wußten es sofort.

«Das ist der olle Bachmann», sagte einer.
«Der wohnt gleich hinter der Schule rechts im zweiten Haus», sagte ein zweiter.
«Was willste denn von dem?» fragte ein dritter, aber ich gab keine Antwort darauf, sagte bloß «danke!» und wendete mein Mofa in der angegebenen Richtung.
Der «olle Bachmann» – also ein Bruder von Ines' Vater – wohnte mit seiner Frau in einem kleinen, weißgetünchten Haus, das durch sein tiefgezogenes Dach wie ein Kopf mit über die Ohren gestülpter Pudelmütze aussah.
Ich stellte mein Mofa vor den grünen Zaun und ging zwischen den eingewickelten Rosenbüschen durch den Vorgarten zur Haustür, die ebenfalls grün gestrichen war.
Ein verschnörkeltes Messingschild zeigte mit noch schnörkeligerer Schrift an, daß hier Gerhard Bachmann wohnte. Es gab keine Klingel an der Tür. Ich klopfte. Drin bellte ein Hund los. Jemand kam. Die Tür wurde geöffnet. Es war Ines.
«Hallo, Wolfgang!» sagte sie überrascht und lachte erfreut. «Wie kommst du denn hierher?»
Sie trug eine ausgewaschene Jeans und ein riesiges altes kariertes Herrenoberhemd darüber. Das hatte sie wahrscheinlich von Onkel Gerhard geerbt. «Komm rein. Es ist kalt!»
«Ich wollte mit deinem Onkel reden», sagte ich und ging hinein.
Es roch nach Äpfeln in dem kleinen Flur, nach Äpfeln, Kaffee und Bohnerwachs.
«Mit Onkel Gerhard?» Ines schüttelte erstaunt den Kopf. «Und worüber?»
«Über Soldaten und Krieg und so», sagte ich.
«Ach du Schreck», sagte Ines. «Hat dich die Stunde heute vormittag auch so fertiggemacht?»
Ich nickte.
«Aber warum kommst du ausgerechnet auf Onkel Gerhard?» fragte sie. «Du kennst ihn doch gar nicht.»
«Nein», sagte ich, «aber du hast mir mal von ihm erzählt, und mich interessiert einfach, was er im Krieg erlebt hat und wie er heute dazu steht ... Meinst du, ich kann ihn danach fragen?»
«Du kannst es ja versuchen, aber er ist ziemlich schwierig. Ich weiß nicht, ob du mit ihm klarkommst», sagte sie.

Sie ging mit mir zusammen den grüngestrichenen Flur entlang an der offenen Tür zu einer kleinen Küche vorbei, an einer zweiten geschlossenen Tür vorüber zum Ende des Ganges und dort in ein Zimmer.
«Onkel Gerhard», sagte sie laut, «hier ist ein Schulfreund von mir ...» – ja, sie sagte «Schulfreund», zwar nicht «Freund», was mich noch mehr gefreut hätte, aber auch nicht «Klassenkamerad» oder «einer aus meiner Klasse», nein: «Schulfreund». «Der würde dich gerne mal sprechen, wenn du eine Viertelstunde Zeit für ihn hast!»
Aus dem Zimmer, in das ich nicht hineingucken konnte, weil Ines mir die Sicht versperrte, kam eine rauhe Männerstimme, aber ich verstand nicht, was sie sagte.
«Okay», sagte Ines, drehte sich zu mir und winkte mit einer Kopfbewegung.
«Du mußt 'n bißchen laut reden», sagte sie leise, als ich an ihr vorbeiging. «Er ist schwerhörig!»
«Guten Tag, Herr Bachmann», sagte ich also laut zu dem großen Mann, der in einem Lehnstuhl am Fenster saß. Ich konnte sein Gesicht im Gegenlicht nicht erkennen, sah nur, daß sein weißes Haar und sein weißer Backenbart wie ein Lichtkranz um seinen Kopf standen.
«Ich heiße Wolfgang Bieber», fuhr ich fort und ging auf ihn zu. Ines kam hinter mir her.
«Tag!» sagte der Onkel.
Er streckte mir eine Hand entgegen, was mich verblüffte, denn ich hatte nicht mit einem Händedruck gerechnet bei einem Mann, der keine Hände mehr hatte. Es war auch keine richtige Hand, die ich – zögernd und vorsichtig und beinahe ängstlich – erfaßte, sondern es war eine Hand aus Holz oder Kunststoff oder was weiß ich, hart und kühl und ganz schrecklich anzufassen. Totenhände mochten sich so anfühlen, dachte ich.
Jetzt konnte ich, weil ich neben ihm am Fenster stand, auch sein Gesicht erkennen. Es war ein kleines, richtig schrumpeliges Gesicht mit unzähligen Falten, aber sehr hellen, sehr wachen Augen.
«Wie heißt du?» fragte der Onkel.
«Wolfgang Bieber!» wiederholte ich – eine Nummer zu laut.

«Brauchst nicht schreien!» sagte der Onkel. «Ich bin doch nicht taub, Junge! Setz dich!»
Er zeigte mit der hölzernen Hand auf einen Hocker, so eine Art Drehhocker, wie sie vor Klavieren stehen. Ich setzte mich hin.
«So, und du bist ein Schulkamerad von Ines?»
Er sah Ines fragend an.
«Ja», sagte Ines, «wir gehen in eine Klasse. Und der Wolfgang möchte sich gern mal mit dir unterhalten.»
«Na, dann schieß man los, mein Junge», forderte mich der Alte auf.
«Ich mach dir noch die Wäsche fertig, Onkel Gerhard», sagte Ines. «Sag Bescheid, wenn du wieder los willst, Wolfgang, ja? Soll ich dir irgendwas bringen? Cola gibt's hier keine, aber 'n Apfelsaft. Selbstgemachter. Schmeckt echt gut!»
«Ja, bringt ihm mal 'n Apfelsaft, mein Mädchen!» sagte der alte Bachmann. «Und mir 'n Apfelschnaps – jedem das Seine – hahahaha!»
Er lachte heftig, und ich lachte ein bißchen mit, obwohl ich überhaupt nicht wußte, was es zu lachen gab.
Ines ging hinaus. Ich sah mich um. Die Wände des sehr gemütlichen kleinen Zimmers waren vollgehängt mit großen und kleinen Bildern in sechseckigen, viereckigen, achteckigen, runden und ovalen Rahmen. Meistens waren es alte Fotos, so gelblich-bräunliche, mit Männern in Uniform und steifen Kragen und manche mit Zylindern und Frauen in langen Kleidern und mit großen Hüten und Jungen in Matrosenanzügen ... viele, viele Fotos, an manchen Stellen konnte man kaum noch die Tapete sehen.

6

«Ja, also, Wolfgang», sagte der alte Bachmann, «nun mal raus mit der Sprache! Was willst du denn von so einem alten Mann wie mir wissen?»
Ich hatte mir auf dem Weg hierher schon zurechtgelegt, was ich ihn fragen wollte – aber nun fiel's mir doch schwer, einen Anfang zu finden.
«Ich habe ... ich wollte ... ich ... äh ...»

«Sprich doch bitte etwas lauter, Junge, wenn's geht. Die Akustik ist schlecht hier in der Stube.»
«Ja», sagte ich laut und wollte noch mal anfangen, da kam Ines mit einem Tablett herein, auf dem ein Apfelschnaps für den Onkel und ein Glas Saft für mich standen.
«Na denn Prost!» brummte der Onkel.
Er hob das Glas.
Mir fiel auf, wie geschickt er das Schnapsglas zwischen die steifen Kunstfinger geklemmt hatte.
«Prost, Herr Bachmann», sagte ich und trank.
Der alte Mann setzte sein leeres Schnapsglas auf ein Tischchen neben seinem Lehnstuhl. Es sah aus, als ob sich die Kunstfinger bewegten. Ja, tatsächlich, sie bewegten sich ...! Ich schaute ihm verblüfft zu. Ines war hinausgegangen.
«Was guckst du?» fragte er.
«Ihre Finger ...» sagte ich und zeigte auf seine linke Hand. «Ich denke, die sind ... Sie haben ... Wieso können Sie die bewegen?»
«Ach so!» Er lachte und hielt mir die künstliche Hand vors Gesicht und bewegte die Finger. Sie waren nicht so beweglich wie lebendige Finger, aber er konnte damit greifen und etwas festhalten und die Hand öffnen und schließen – erstaunlich!
«Das ist eine Sauerbruch-Hand!» erklärte er. «Von dem alten Berliner Chirurgen Sauerbruch erfunden. Da sind die Muskeln im Armstumpf so umgeformt worden, daß sie an die künstlichen Gelenke angeschlossen werden und die bewegen können. Aber das ging nur bei meiner linken Hand, siehst du. Die rechte ist ganz steif. Da waren die Muskeln und Knochen und Sehnen so zerstört, daß sie es nicht machen konnten. Aber mit der linken kann ich mir schon ganz gut helfen – nicht gerade eine Nähnadel einfädeln, aber ein Schnapsglas halten, das kann ich schon! Haha! – So, aber nun zu dir! Was liegt an, Junge?»
«Ich werde erfaßt für die Wehrpflicht», sagte ich. «Und ich wollte mich, ehe ich nun Soldat werden muß, gerne mit ein paar Leuten unterhalten, die Soldaten gewesen sind. Wie ist das? Wie ist das im Krieg? Und weil Ines mir von Ihrer schweren Verwundung erzählt hat, hab ich gedacht, daß gerade Sie mir dazu besonders viel sagen können, Herr Bachmann.»
Er schwieg einige Sekunden und sah mich mit gerunzelter Stirn an.

«Wie ist das im Krieg? ...» wiederholte er nachdenklich. «Ja – wie war das im Kriege ... Also ich bin ja gerne Soldat gewesen, mußt du wissen. Nicht gerade für den Hitler, weil die meinen Vater aus dem Amt gejagt haben, die Nazis. Er war Freimaurer, wenn du weißt, was das ist – doch das gehört nicht hierher. Aber sonst ... Das war eine feine Sache! Die Kameradschaft in meiner Truppe, also da gibt's nichts! Ich war bei den Pionieren. Weißt du, was das für eine Truppe ist?»
Ich schüttelte den Kopf.
«Das sind Genietruppen», sagte er mit echter Begeisterung. «Ohne die Pioniere lief kein Angriff, und je technischer die Kriege geworden sind, desto wichtiger wurden auch die Pioniere, weil sie – schon im Ersten Weltkrieg – Spezialeinheiten bildeten: also Kompanien und Bataillone für den Gaskampf zum Beispiel, für Flammenwerferangriffe und so was alles. Ich war beim Pionierbataillon einer Panzerdivision im Kessel von Tscherkassy. Ostfront. Junge, da hatten wir alle Hände voll zu tun! Widerstandsnester ausgeräuchert und Häuser gesprengt, Minen gelegt und Minen geräumt. Ich war Zugführer. Schon als Feldwebel, obwohl das eigentlich eine Leutnantsfunktion ist. Aber wir hatten keine Leutnants mehr, alle weggeputzt vom Iwan – moschna saprali! ...» Er lachte.
Mich fror, aber ich ließ es mir nicht anmerken.
«Da – im Kessel von Tscherkassy – da habe ich mir meinen Spiegeleiorden verdient», fuhr er fort und stand auf, als ich ihn verständnislos anguckte.
Er ging zum Vertiko, zog die obere Schublade auf und holte einen flachen schwarzen Kasten heraus.
«Hier!» sagte er stolz und hielt mir den aufgeklappten Kasten vor die Augen. «Das ist er! Deutsches Kreuz in Gold! Die Vorstufe zum Ritterkreuz! Wenn ich nicht durch so eine verdammte Russenmine die Pfoten verloren hätte, dann hätte ich vielleicht noch das Ritterkreuz geschafft ... Aber na, man soll ja nicht unbescheiden sein!»
Der Orden mit dem großen Hakenkreuz blitzte. Er betrachtete ihn voller Stolz.
Dann klappte er mit seinen steifen Kunstfingern den Kasten wieder zu, verstaute ihn in der Schublade und setzte sich schwerfällig wieder hin.

«Natürlich war das kein Zuckerschlecken, mein Junge!» sagte er freundlich mit so einem leisen Ton des Mitleids in der Stimme, weil mir solche «wundervollen Erlebnisse» wahrscheinlich entgehen würden.
«Aber trotz aller Strapazen und der Härte, und obwohl es einem manchmal schon mächtig an die Nieren ging, wenn es zum Beispiel einen der Kameraden erwischt hatte, weißt du – möchte ich das alles rückblickend nicht missen. Wenn ich dran denke, daß wir den Krieg gewonnen hätten, wenn unsere Verbündeten andere Kerle gewesen wären! Aber dieses ganze Gesocks vom Balkan ... Mann, die hättest du mal sehen sollen in Rußland! Schlappschwänze! Und alleine konnten wir es nicht schaffen, obwohl wir denen ja ganz schön eingeheizt hatten am Anfang. Doch als nachher die Amis noch gegen uns losschlugen, da war es zappenduster. Das internationale Kapital ... Wallstreet und die Juden ... Ja ja, ich weiß, das darf man heutzutage nicht sagen. Aber wenn du mich schon fragst ... Also eins will ich dir sagen, Junge: Soldat sein ist eine große Sache! Nicht bloß so ein ... wie sagt ihr heute? ... so ein ‹Job› ... Nein, das muß man mit Leib und Seele sein! Und das Vaterland kann auf die Dauer nur bestehen, wenn es von Soldaten geschützt wird, die auf Zack sind ... und die bereit sind, sich voll und ganz einzusetzen – zu opfern, jawohl, wenn es sein muß zu opfern! Jawoll!»
Seine Stimme zitterte richtig ein bißchen, so hatte er sich in Feuer geredet. Er brach ab.
Ich wußte nicht, was ich jetzt tun oder sagen sollte. Zum Glück kam Ines herein. Sie hatte schon ihre gesteppte Windjacke an.
«So, ich hab jetzt alles fertiggemacht», sagte sie. «Tante Gerda schläft. Sie hat ihren Tee getrunken und den Zwieback aufgegessen. Es geht ihr besser, glaub ich. Brauchst du noch irgendwas?»
«Nein, Mädchen, danke!» sagte der Onkel. «Das ist sehr lieb von dir!»
«Die Wäsche hängt auf dem Boden!» sagte Ines. «Morgen nachmittag komm ich wieder her und nehme sie ab. Klappt das denn mit dem Mittagessen?»
«Ja ja – alles in Ordnung», sagte der Onkel. «Die bringen uns was rüber vom Gasthof. Vielen Dank!»

Er stand auf und tätschelte sie mit seiner hölzernen Rechten. Das sah grausig aus, die behandschuhte steife Hand auf der Schulter des Mädchens.
«Wie kommst du jetzt nach Hause?» fragte er.
«In zehn Minuten geht der Bus!» sagte Ines.
«Du kannst ja mit mir mitfahren, wenn du Lust hast», sagte ich.
«Okay, gerne», sagte sie.
«Aber vorsichtig fahren!» mahnte der Onkel.
Ich bedankte mich bei ihm.
«Sieh zu, daß du zu den Pionieren kommst, Junge!» sagte er an der Tür.
«Auf Wiedersehen!» Ich faßte wieder seine Kunsthand an, die er mir hinhielt ...

7

Ines setzte sich auf meinen Rücksitz, als ich den Motor in Gang hatte. Wir fuhren los. Sie legte mir die Arme von hinten um die Brust. Das war sehr schön. Ich fuhr extra nicht schnell – mein Mofa schafft zwar sowieso nicht mehr viel, aber ich wollte vor allem auch das Gefühl genießen, ihre Arme um meinen Brustkorb und ihren Körper an meinem Rücken zu spüren.
«Ist dir nicht zu kalt?» rief ich nach hinten. «Sonst kann ich dir meinen Schal geben.»
«Nee, laß mal, ich find's schön so!» rief sie zurück und drückte sich noch stärker an mich.
Dann redeten wir nicht mehr, weil einem auf der Landstraße der kalte Fahrtwind in den Mund bläst, wenn man ihn aufmacht.
Als wir in Neustadt ankamen, lud ich Ines ein:
«Komm, wir trinken 'ne Cola, vielleicht mit 'nem Rum zum Aufwärmen?»
Sie sah auf ihre Armbanduhr.
«Okay, halbe Stunde – dann muß ich nach Hause und noch was tun für morgen.»
Das Café Krüger war damals unser bevorzugter Treffpunkt.
Da saßen wir nachmittags oder gelegentlich – wenn mal 'ne Stunde

ausfiel oder wir keine Lust auf Schule hatten – auch vormittags, redeten, stritten uns über irgendwelche Themen oder tauschten den neuesten Kleinstadt- und Schulklatsch aus.
Heute gibt's das Café Krüger nicht mehr, das heißt, es gibt es nicht mehr in der damaligen gemütlich-gammeligen Form. Es heißt jetzt «Pigalle» und ist eine Bar, die erst abends halb neun aufmacht, und wo bei schummeriger Beleuchtung und irren Preisen getanzt werden kann. Ich bin da nicht mehr gewesen seitdem.
An jenem Septembernachmittag aber war es noch das alte Café, und Ines und ich, wir setzten uns an einen der kleinen Zweiertische, neben den Gang zur Küche. Ich bestellte zwei Cola-Rum.
«Das war ja völlig wahnwitzig vorhin bei deinem Onkel», sagte ich.
«Warum? Hat er dir erzählt, wie schlimm er die Jugend von heute findet?» wollte Ines wissen.
«Nein», erwiderte ich, «er hat von seiner Soldatenzeit geschwärmt, Ines! Richtig geschwärmt! Mit glänzenden Augen! Das hältst du doch im Kopf nicht aus ... ausgerechnet der!»
«Warum?» fragte Ines. «Solche gibt's doch massenweise. Da solltest du mal meinen Vater hören. Und seine Kumpels, wenn die bei uns zweimal im Monat sonnabends Skat spielen.»
«Ja, schon – aber daß einer, den es so schlimm getroffen hat wie deinen Onkel, daß der noch so redet – da komm ich nicht mit.»
Der Kellner brachte die Cola. Wir schwiegen eine Weile.
«Ich verstehe das schon», sagte Ines.
«Da bin ich aber gespannt», sagte ich.
«Ist doch eigentlich völlig klar», meinte sie. «Wenn ein Mann gerne Soldat war und sogar gerne im Krieg war – vielleicht weil er so erzogen worden ist, mit solchen Idealen, oder auch weil das einfach seine einzige Chance war, was zu machen, was anerkannt wurde – verstehst du ...?»
Ich nickte.
« ... oder wenn er einfach bloß kein Herz hat, oder keine Phantasie ...»
Ich lachte.
«Warum lachst du?» fragte sie irritiert.
«Weil ich das Wort ‹Phantasie› heute schon mal im Zusammenhang mit Soldatentum und Krieg gehört habe», sagte ich.

«Aber das erzähl ich dir nachher – red erst mal weiter!»
«Ja. Und wenn so einem dann so was Furchtbares passiert, daß er zum Krüppel geschossen wird oder sonstwie zu Schaden kommt, so zu Schaden kommt, daß er für den Rest seines Lebens nur noch ein halber Mensch ist – na, dem bleibt doch gar nichts weiter übrig, als für das zu schwärmen, wofür er geblutet hat, wodurch sein Leben versaut ist.»
Ich kapierte immer noch nicht, was sie meinte.
«Na, stell dir doch mal vor, mein Onkel würde jemals erkannt haben oder heute erkennen, daß er nicht nur ein falsches Ideal gehabt hat, sondern daß er auch noch dem falschen Ideal seine Gesundheit, seine Hände, sein ganzes Leben geopfert hat. Stell dir bloß mal vor, er würde die Sinnlosigkeit dieses Opfers erkennen. Da könnte er sich doch gleich aufhängen oder ins Wasser gehen. Findest du nicht?»
«Ja ...», sagte ich nachdenklich. «Das leuchtet mir ein. Aber es gäbe auch noch eine andere Konsequenz aus so einer Erkenntnis.»
«Nämlich welche?» fragte Ines.
«Gegen das falsche Ideal was zu unternehmen. Andere davor zu warnen», sagte ich.
«Klar – aber dazu gehört eben Verstand und Phantasie!» sagte Ines.
«Du scheinst nicht viel von deinem Onkel zu halten», sagte ich lachend.
Sie lachte nicht mit:
«Laß mal den armen alten Onkel Gerhard in Ruhe. Der tut mir eher leid, als daß ich ihn schlimm finde ... Was willst du denn eigentlich machen, wenn nach der Schule deine Einberufung zum Bund kommt?»
Ich antwortete mit einer Gegenfrage:
«Würdest du lieber einen Soldaten oder lieber einen Verweigerer als Freund haben?»
Ines lächelte. Sie ließ mich eine ganze Weile schmoren. Dann sagte sie: «Wenn ich jemanden mag, Wolfgang, ist es mir völlig egal, ob er Soldat ist oder ob er Ersatzdienst macht. Ich würde ihn jedenfalls nie vor die Wahl stellen: entweder die Uniform oder mich – oder so was Idiotisches.»
«Jetzt machst du es dir zu leicht», sagte ich.

«Wieso denn? Das ist völlig klar für mich. Guck mal, es könnte mir doch auch passieren, was meiner älteren Schwester passiert ist. Die hat sich im Urlaub vor zwei Jahren unheimlich in einen Mann verliebt – und der sich auch in sie. Aber sie hat in den vierzehn Tagen, in denen sie zusammen waren, nicht gefragt, was er von Beruf ist. Vielleicht ist sie nicht drauf gekommen – oder sie hat nicht fragen mögen, weil er auch nie ein Wort davon gesagt hat. Und dann haben sie sich geschrieben. Wie das so ist. Und dann ist der angefahren gekommen und hat gefragt, ob sie ihn heiraten will. Ja, wollte sie. Und da hat sich herausgestellt, daß er eine Schlachterei hat. – Na und ...?»
«Hat sie ihn geheiratet?» fragte ich.
«Ja», sagte Ines. «Warum denn nicht?»
«Nun ist es allerdings 'n bißchen was anderes, ob einer Kälber schlachtet oder ob einer –»
«Ach, hör doch auf mit dem Quatsch!» unterbrach sie mich. «Ich mag jemanden oder ich mag ihn nicht! Das hat doch mit seinem Beruf überhaupt nichts zu tun ...»
Sie trank aus und stand auf.
«Ich muß los, du! Schönen Dank fürs Mitnehmen ... Und daß du's weißt: Ich find dich okay – ganz gleich, ob du zum Bund gehst oder verweigerst, klar?»
Weg war sie. Und ich saß da und wußte nicht, wo mir der Kopf stand. Mein Herz klopfte.
Ich legte meine rechte Handfläche auf die linke Brustseite und spürte den Muskel da drin und mußte an Connys lange Rede und an das fingernagelkleine Stück Eisen oder Stahl denken, das genügen würde, das Klopfen zu beenden ...

8

Ich fuhr nach Hause. Es ging auf sechs. Draußen fing es schon an, dunkel zu werden.
Mein Zimmer war ziemlich ungemütlich. Überall lag Zeug rum. Ich hätte dringend mal aufräumen müssen, nichts konnte ich mehr finden ... Aber ich hatte an diesem Spätnachmittag abso-

lut keine Lust aufzuräumen. Also legte ich eine Platte auf und hockte mich aufs Bett. Tom Robinson Band. Die sind unheimlich gut.
Im Flur klingelte das Telefon. Erst wollte ich's einfach klingeln lassen, weil sowieso die meisten Anrufe für meine Mutter sind – außer Freitag nachmittags und sonnabends, wenn alle immer anrufen und fragen: «Was machst du denn heute? Ist irgendwo was los?» – und so ... aber dann ging ich doch hin.
Es war Conny.
«Mir ist noch was eingefallen», sagte er. «Wenn du dich informieren willst, Wolfgang – wegen deiner Entscheidung über Bund oder Verweigerung, dann solltest du nicht nur mit einem KVler reden, sondern dir auch mal angucken, was die machen müssen. Zum Beispiel im Krankenhaus.»
«Ja», sagte ich, «das ist 'ne gute Idee. Aber wie komm ich da an jemanden ran?»
«Ruf einfach an. Ich kenn auch jemanden im Kreiskrankenhaus – warte, ich geb dir die Nummer – hast du was zum Schreiben?»
«Ja», sagte ich.
«Also 460394 ... Hast du?»
«Ja», sagte ich. «Und wer ist das?»
«Du verlangst die Chirurgie II und fragst nach Holger Kollbach. Der macht dort seinen Ersatzdienst. Grüß ihn von mir und frag, ob du mal hinkommen kannst und mit ihm reden.»
«Okay – schönen Dank, Conny», sagte ich. «Übrigens war ich heute nachmittag schon unterwegs. Ich hab mit einem Schwerkriegsbeschädigten geredet. Dem hat eine Mine in Rußland beide Hände abgerissen ...»
«Na und, was hat der gesagt?»
«Das haut dich um», sagte ich. «Der hat leuchtende Augen gekriegt, als er von seiner Soldatenzeit erzählt hat, so begeistert ist er immer noch davon!»
Conny schwieg. «Ja, das gibt's», sagte er schließlich zögernd. «Ich verstehe es nicht. Doch es soll ja auch Leute geben, die sich auf Nagelbretter setzen oder selber geißeln und das schön finden. Sado-Masochisten nennt man die. Da hilft nur 'ne nervenärztliche Behandlung.» Ich erzählte ihm, welche Erklärung Ines für diese stolze Schwärmerei gehabt habe.

«Ja», meinte Conny nach kurzem Nachdenken, «leuchtet mir ein. Immerhin ist das auch 'ne wichtige Erfahrung, die du da gemacht hast.»
«Wann soll ich denn da anrufen im Krankenhaus?»
«Mach's doch gleich», sagte Conny, «und halt mich auf dem laufenden!»
«Ist okay!» sagte ich, legte auf und wählte gleich die Nummer, die Conny gesagt hatte.
Eine kratzige kühle Frauenstimme klirrte mir ins Ohr. Ich bat darum, mit der Station Chirurgie II verbunden zu werden.
«In welcher Angelegenheit», fragte die Vermittlungsstimme.
«Ich muß in einer dringenden Sache mit Herrn Kollbach sprechen.»
Ich versuchte, meiner Stimme einen gewichtigen Unterton zu geben.
«Das ist jetzt aber schlecht, gerade zur Abendbrotzeit», klirrte die Stimme. «Aber ich kann's ja mal versuchen.»
Es rappelte und knackte mehrmals, dann war eine andere Frauenstimme im Hörer, eine angenehmere, dunkle.
«Chirurgie II, Schwester Hildegard!» sagte die Stimme.
Ich sagte zum zweitenmal meinen Vers auf.
«Herrn Kollbach? Mal sehn, ob ich den finde», sagte die Schwester. «Bleiben Sie dran!»
Es dauerte eine Weile. Ich hörte im Hintergrund Stimmen und Schritte und das Klappern von Metallgefäßen und das Klirren von Porzellan oder Steingut – dann kam eine Männerstimme. Es war Kollbach.
Ich sagte, daß mich Conny auf die Idee gebracht hatte und fragte, ob ich mal kommen könnte und so weiter.
«Na sicher», sagte er, «jetzt gleich geht's aber nicht. Ich muß noch drei Patienten füttern und dann das Geschirr wegräumen. Wenn du in einer guten halben Stunde kommst, ist es besser. Dann haben wir auch noch Zeit zum Reden.»
«Okay, danke!» sagte ich. «Bis nachher!»
«Wenn sie dich unten nicht reinlassen, dann sag, sie möchten mich runterrufen. Dann hol ich dich ab», sagte er noch, bevor er auflegte.

9

Das Kreiskrankenhaus ist ein Stück außerhalb der Stadt, aber genau in der entgegengesetzten Richtung von Heikendorf. Ich hatte mich mit der Entfernung und Zeit verschätzt, außerdem hatte ich noch tanken müssen, damit mir die Mühle nicht mitten auf der Landstraße stehenblieb. So kam es, daß ich doch knapp eine Stunde brauchte, bis ich in die helle Eingangshalle trat, die wie ein Hotelempfang gebaut ist, nur nicht so vornehm. Es roch schon dort scheußlich nach Desinfektionsmitteln. Mir ist völlig unverständlich, daß ein Mensch acht oder zehn oder noch mehr Stunden in so einem Mief arbeiten kann.
Linker Hand befindet sich ein großer Glaskäfig, über dem *ANMELDUNG* steht und von dem aus die Tür zum Inneren des Krankenhauses mittels Knopfdruck geöffnet werden kann. Diese Tür ist nur während der Besuchszeit offen. Jetzt war sie zu.
Ich stand an dem runden Schalterfenster vor dem Glaskäfig und wartete, daß die Frau im weißen Kittel, die hinter der Scheibe saß und in einem Ordner blätterte, die Güte haben würde, mich zu bemerken. Ich traute mich auch nicht, an die Scheibe zu klopfen, weil ich dachte, daß ich mir dann vielleicht ihre Ungnade zuziehen würde ... Man weiß das ja nie bei Leuten, die hinter Schaltern sitzen.
Nach längerer Zeit hob sie den Kopf und tat so, als sei sie erstaunt, daß da jemand stand.
«Sie wünschen, bitte?» fragte sie.
Ich sagte, daß ich zur Chirurgie II wollte.
«Jetzt ist keine Besuchszeit!» sagte sie.
«Das weiß ich», erwiderte ich. «Ich will auch niemanden besuchen – jedenfalls keinen Patienten. Ich bin verabredet mit Herrn Kollbach. Der ist Pfleger auf der Station.»
«Hilfspfleger», korrigierte die Weißgekleidete.
«Freiwilliger Hilfspfleger», setzte ich hinzu, aber sie merkte die Spitze nicht oder wollte sich nicht anmerken lassen, daß sie sie merkte.
«Ich kann Sie nicht hineinlassen», verkündete sie.
«Warum nicht?» wollte ich beharrlich wissen.
«Auch das Personal darf keinen Besuch empfangen – und schon gar nicht während der Dienstzeit.»

«Okay», sagte ich – innerlich kochend und trotzdem äußerlich ganz ruhig, «aber dann darf ich Sie vielleicht bitten, auf der Station anzurufen und Herrn Kollbach zu sagen, daß ich hier bin. Er wartet auf mich ...»
Sie zögerte, doch dann überwand sie sich und griff zum Telefon. Holger Kollbach schien gleich am Apparat zu sein.
«Hier ist Besuch für Sie», sagte sie in die Sprechmuschel und fragte mich: «Wie ist Ihr Name?»
«Bieber, Wolfgang Bieber!» sagte ich.
«Ein Herr Bieber», sagte sie ins Telefon. «... wie bitte? Nein, ich darf Ihnen den Herrn nicht hinaufschicken, Herr Kollbach. Sie dürfen während Ihrer Dienstzeit ... Wie? ... Ach so, entschuldigen Sie, das wußte ich nicht ...»
Sie machte ein Gesicht, als ob sie in ein mit Senf gefülltes Praliné gebissen hätte und legte auf.
«Fahrstuhl 2. Stock, linke Tür!» sagte sie barsch zu mir und drückte auf den Knopf, der die Tür zum Inneren des Krankenhauses entriegelte.
Ich ging hinein.
Drinnen roch es noch heftiger nach Desinfektionsmitteln, und ein leichter Essensgeruch mischte sich dazwischen. Es roch nach Gemüsesuppe und nach süßem Milchbrei. Ich merkte, daß ich Hunger hatte. Als ich im zweiten Stock aus dem Fahrstuhl stieg, roch es außer nach Desinfektionsmitteln und Essen auch noch nach irgendwas Undefinierbarem – irgendwas Fauliges – ein ekliger Geruch – klebrig und eigenartig süß.
Am Eingang der Station, über der CHIR. II stand, wartete ein mittelgroßer Mann auf mich.
«Bist du Wolfgang Bieber?» fragte er und streckte mir, als ich nickte, die Hand entgegen. «Ich bin Holger. Tag!»
Wenn er nicht seinen Vornamen gesagt hätte, wäre ich unsicher gewesen, ob ich du oder Sie zu ihm sagen sollte, schon deshalb, weil sein Gesicht von seinem dunkelroten Bart zugewuchert war, so daß ich nicht sehen konnte, ob er zwanzig oder vierzig Jahre alt war.
«Die wollte mich nicht reinlassen unten!» sagte ich. «Wie hast du sie denn rumgekriegt?»
«Indem ich ihr gesagt habe, daß meine Dienstzeit seit fast zwei

Stunden vorbei ist, daß ich aber – wie sie sähe – auch meine Freizeit hier auf der Station verbringe … Und in meiner Freizeit dürfte ich ja wohl Besuch haben …» Er lachte.
«Komm», sagte er, «ich muß Herrn Klingler noch waschen und Herrn Krause noch mal auf 'n Topf setzen – dann ist Feierabend, wenn nichts dazwischenkommt.»
Auf dem Gang zum Krankenzimmer 26 erklärte er mir, daß der Herr Krause vorgestern an der Blase operiert worden sei und Schwierigkeiten mit dem Pinkeln habe, weil das noch nicht so klappte. Aber die Operation habe ja zum Glück ergeben, daß es eine harmlose Sache sei und nicht der gefürchtete Krebs. Also wäre Herr Krause ein verhältnismäßig fröhlicher und einfacher Patient.
Das könne man von Herrn Klingler nicht sagen.
«Der liegt schon fast drei Monate hier», sagte Holger Kollbach, «und wird unser Luxushotel wohl auch nicht mehr lebendig verlassen. Wir sind nämlich so 'ne Art Endstation, verstehst du. Hier liegen meistens die schwereren Fälle – acht von zehn mit Krebs … und dagegen hat unsere glorreiche Zivilisation ja noch nichts erfunden. Wir können auf dem Mond Autos fahren lassen, den Saturn fotografieren und mittels Satelliten das Wetter von übermorgen erraten – ohne dabei in der Lage zu sein, es zu ändern, haha – wir haben für solche Sachen Milliarden, aber die Krebsforschung muß bei den Bürgern betteln gehen, um wenigstens ihre mühsame Wurschtelei bezahlen zu können. So, da sind wir!»
Auf dem Gang war es ruhig. Ein einzelner älterer Mann in einem zu kurzen Bademantel humpelte an zwei Krücken langsam auf und ab. Eine große, hagere Schwester lief mit einem Tablett voll Medikamenten aus einem Zimmer in ein anderes. Eine Frau in blauem Arbeitskleid schichtete Teller und Tassen auf einem Wagen. Wir traten in das Krankenzimmer. Drei Betten standen darin. Das am Fenster war leer. Im mittleren lag ein winziger Mann mit einem quittegelben kleinen Gesicht und tiefen Schatten unter den geschlossenen Augen. Er lag auf dem Rücken und schlief.
Im linken Bett, neben der Tür, lag ein dicker rotköpfiger Mann, der eine Brille schief auf der Nase hatte und in einem Romanheft las.

«Noch mal auf den Schieber, Herr Krause!» sagte Holger leise und angelte aus dem Nachttisch neben dem Bett das flache Emaillegefäß.
«Schon wieder?» fragte der Patient.
«Besser einmal zuviel als zweimal ins Bett!» sagte Holger, ungerührt vom Protest des Mannes, hob die Bettdecke an und schob ihm das Gefäß unter den Hintern.
«Gut so?» fragte er. «Sitzen Sie richtig?»
«Ja –» sagte der Mann, «aber erlösen Sie mich bald, Herr Kollbach! Das kneift immer so.»
«In zehn Minuten», sagte Holger.
«Ist das 'n neuer Kollege?» fragte der Mann und zeigte auf mich. «So ein Milchbart?»
Holger lachte.
«Kann ja nicht jeder gleich mit 'nem Vollbart auf die Welt kommen wie ich ...»
Der Mann stutzte. Es dauerte fünf Sekunden, bis er verstand, daß das ein Witz war. Dann lachte er dröhnend los, worauf Holger ihm sofort Ruhe gebot: «Pst! Sie wecken ja den Herrn Schreiter! – Also bis gleich, Herr Krause. Nun geben Sie sich mal schön Mühe ... aber nicht pressen, klar!?»
«Klar!» sagte der Mann, grinste und hob sein Heft, um weiterzulesen.
‹Das große Glück auf Schloß Wetterstein› las ich. Dann gingen wir hinaus.

10

«Was ist denn mit dem kleinen Mann?» fragte ich draußen.
«Das ist Herr Schreiter», sagte Holger. «Der hat eine Gallenoperation hinter sich. Schon vor acht Tagen. Kommt ganz schwer wieder auf die Beine ... Ich weiß auch nicht. Die Ärzte sagen einem ja nichts. Man sieht mit einiger Erfahrung schon, wo's kipplig ist – aber es gibt immer wieder Überraschungen. Mal berappelt sich einer, für den du nicht einen Fünfer mehr gewettet hättest. Mal geht einer übern Jordan, von dem du gedacht hattest, es geht bergauf mit ihm.»

«Hast du schon viele übern Jordan ... äh ... ich meine, hast du schon viele sterben sehen?»
«Gute zwei Dutzend in dem halben Jahr, seit ich hier auf der Station bin», sagte er. «Da gewöhnt man sich dran. Schlimm sind immer hinterher die Frauen oder Mütter – ich meine, deren Fassungslosigkeit und so, obwohl die doch meistens schon vorher wissen, daß es mit ihrem Vater oder Mann oder Sohn zu Ende geht. Und schlimm – oder richtiger schwer – ist die verdammte, aber notwendige Heuchelei. Das ist eigentlich das Schwerste. Hintern abwischen oder stinkende Sterbende waschen und füttern – das ist alles nicht so schlimm, aber mit denen, von denen du weißt, daß sie bloß noch ein paar Tage oder Wochen zu leben haben und daß es kaum eine oder gar keine Chance für sie gibt – mit denen so reden, als sei alles okay, mit denen Pläne machen, über den nächsten Urlaub reden, den sie auf Teneriffa machen wollen, mit ihnen so reden, als sei ihre tödliche Krankheit eine leicht zu heilende Kleinigkeit ..., das schafft einen! Da brauchst du Nerven wie Taue, mein Lieber! Denn die wenigsten wissen oder glauben, daß sie sterben müssen. Und es ist vielleicht auch gut so, daß sie in so einer Hoffnung gehalten werden – sonst wäre das Elend hier auf der Station sicher überhaupt nicht zu verkraften.»
Wir waren auf das Zimmer 39 zugegangen, während er mir das erzählte. Jetzt verstand ich auch, warum er sich in so einem etwas ruppig-naßforschen Ton mit dem Patienten unterhalten hatte. Das war so 'ne Art Abwehr gegen die sentimental-mitleidige Stimmung, die durch das Leiden der Menschen hier so stark aufkommt.
«Laß dir um Gottes willen nichts anmerken!» sagte er, ehe wir hineingingen. «Der Klingler hat keine Ahnung von der Schwere seiner Krankheit. Den könnte nur ein Wunder retten. Also fröhlich, wenn ich bitten darf, klar?!»
«Klar!» sagte ich.
Es roch unbeschreiblich in diesem Zimmer, in dem nur ein Bett stand. Der süße, klebrige Geruch überdeckte hier alle anderen Krankenhausgerüche. Der Mann in dem Bett guckte aus so großen glänzenden Augen, wie ich sie noch nie gesehen hatte. Er war unheimlich mager, die Haut spannte sich um die Backenknochen,

Augenbogen und an den Schläfen, über denen wie Zwirnsfäden weiße Haare lagen.
«Alles in Ordnung, Herr Klingler?» fragte Holger forsch.
«Ja», sagte der Mann, «alles in Ordnung!»
Seine Stimme war leise und hell, und er atmete mühsam beim Sprechen, so daß jedes Wort einzeln aus seinem halboffenen Mund kam.
«Ich wollte Sie noch mal 'n bißchen frisch machen für die Nacht», sagte Holger. «Der Kollege hier ist mitgekommen, weil er demnächst auch Pflegedienst macht. Sie haben doch nichts dagegen?»
«Aber nein!» sagte der Mann. «Wenn ich auch ein hübsches junges Mädchen lieber gehabt hätte. Aber ihr laßt ja keine in mein Zimmer – aus Angst, ich könnte sie verführen, wie!?» Er lachte.
Das klang wie Packpapierrascheln. Holger lachte auch. Und ich lachte ebenfalls. Mein Lachen war sicher das lauteste – aber es war dem Heulen auch am nächsten.
Holger hatte inzwischen mit geschickten Griffen die Bettdecke des Kranken halb zurückgeschlagen und ihm ein Handtuch unter den Hals und über die Brust gelegt. Als er die Decke aufschlug, war mir der entsetzliche Geruch wie ein Windstoß in die Nase gefahren, und ich wagte nicht, den Körper des Kranken anzusehen, weil ich glaubte, er müsse voller Geschwüre oder offener Wunden sein. Als ich schließlich doch den Blick zu ihm wandte, sah ich nichts als magere Gliedmaßen und ein weißes Krankenhaushemd. Keine Verbände, keine offenen Wunden.
Holger hatte sich vom Waschbecken eine Schüssel warmes Wasser geholt, einen Waschlappen und ein zweites Handtuch. Er wusch dem dürren Mann mit flinker Behutsamkeit das Gesicht, den Hals, die Hände und trocknete ihn sachte ab. Das wirkte beinahe zärtlich, und mir schien auch, daß der kranke Mann das Gewaschenwerden richtig genoß.
«Unten rum brauchen wir heute abend nicht, wie?» fragte Holger.
«Nein, ich habe ja heute vormittag gebadet», sagte der Mann.
Holger hob den Oberkörper des Kranken an.
«Komm mal her», sagte er zu mir, «und hilf mal, Wolfgang! Halten Sie sich an Herrn Bieber fest, Herr Klingler ... Ja – dann reibe ich Ihnen noch den Rücken ab!»
Der Mann atmete röchelnd. Er nickte und klammerte sich mit sei-

nen Händen, die wie Krallen waren, an mein Handgelenk.
Holger nahm eine große braune Glasflasche vom Nachttisch, entkorkte sie, schüttete sich von dem Inhalt einen Schuß Flüssigkeit in die Hand und rieb dem Alten Schultern und Rücken damit ein. Es roch nach Alkohol – wie billiger Schnaps.
«Was ist das denn?» fragte ich.
«Franzbranntwein», sagte Holger. «Das ist eine Spezialbehandlung für Herrn Klingler, weil er zur Zeit keinen Cognac trinken darf. Aber das kommt ja bald wieder, nicht wahr, Herr Klingler?»
«Das will ich meinen!» sagte der Kranke und entblößte die schadhaft wirkenden Zähne zu einem Grinsen.
«Es ist gegen's Wundliegen», erklärte Holger mir. «Denn wenn Patienten mal länger liegen müssen, gibt's oft wunde Stellen auf dem Rücken. Das wird vermieden, wenn man sie regelmäßig einreibt. – Und außerdem verschafft der Branntweingeruch schöne Träume, wie, Herr Klingler?»
Er löste die knochigen Finger des Kranken von meinen Händen und ließ ihn behutsam zurück aufs Bett sinken.
«Sooo», sagte er, «das wär's für heute! Haben Sie Ihre Tabletten schon genommen?»
«Alle drei», sagte der Patient.
«Noch irgendwelche Wünsche?»
«Nein, danke!» sagte der Kranke müde lächelnd.
«Bis morgen also, gute Nacht!» sagte Holger fröhlich, gab dem Mann die Hand, strich ihm die Haare aus der Stirn, nickte ihm vergnügt zu und ging, nachdem er das Waschbecken ausgeschüttet und weggestellt und die Tücher aufgehängt hatte, aus dem Zimmer.
Ich sagte auch noch «Gute Nacht!» – ging ihm nach und schloß leise hinter mir die Tür.
«Er hat höchstens noch fünf – sechs Wochen!» sagte Holger halblaut, als wir ein paar Schritte von dem Zimmer 39 weg waren.
«Meine Güte», flüsterte ich. «Das ist ja fürchterlich. Und dieser entsetzliche Geruch ...»
«Der Tod ist eine übelriechende Einrichtung», gab Holger zurück, «aber das wird zur Gewohnheit. Wenn ich nach einem freien Wochenende montags früh hier anfange und muß als erstes Betten machen, weil die Nachtwache nicht alles geschafft hat, oder gleich ei-

ne Leiche waschen, dann haut's mich auch jedesmal beinahe um. Aber so im Trott, zehn oder zwölf Stunden am Tag oder in der Nacht ... obschon wir eigentlich nur acht Stunden Dienst haben ... aber was willst du machen, kannst die Leute ja nicht in ihrer Scheiße liegen oder ohne Essen und Trinken lassen ... Also so im Trott, da merkt man den Sterbemief nicht mehr.»

«Zehn-zwölf Stunden?» fragte ich.

«Ja, das kommt öfter mal vor!» sagte er. «Dann spürst du deine Beine kaum noch. Die laufen noch, wenn du schon im Bett liegst.»

«Schläfst du hier im Krankenhaus?» fragte ich.

«Ja. Das ist am einfachsten. Wir haben zu viert zwei Zimmer oben in der Mansarde.»

«Alles Verweigerer?»

«Drei davon. Der vierte ist ein Gastarbeiter, ein Türke.»

Wir waren wieder am Krankenzimmer des Patienten Krause angelangt. Holger Kollbach ging hinein, um den Kranken vom Schieber zu nehmen. Ich stand auf dem Gang und wartete. Der Mann mit den Krücken humpelte immer noch hin und her. Die Küchenfrau war nicht mehr da. Von der Schwester hörte ich nur die Stimme. Sie telefonierte scheinbar im Schwesternzimmer. Es war nicht zu verstehen, wovon sie sprach.

Holger kam mit dem zugedeckten Emaillegefäß aus dem Zimmer.

«Na, hat's geklappt?» fragte ich.

Holger lachte.

«Du machst dir schon Sorgen um die Pinkelei fremder Leute», sagte er. «Ja ... ich hab schon ‹Gute Nacht› gesagt – wie spät ist es eigentlich?»

«Gleich sieben», sagte ich.

«Dann kommt jeden Moment die Nachtschwester. Der muß ich noch einiges sagen. Dann ist Schluß für heute. Morgen früh um sieben geht's wieder los. Aber nur bis mittags, weil ich ab morgen abend eine Woche Nachtdienst habe. Das ist immer ein echter Schlauch. Das erste halbe Jahr auf der Hautstation war es ein Kinderspiel gegen das hier. Aber na, alles geht vorüber.»

Er machte jetzt einen unheimlich geschafften Eindruck.

Aber ich mußte noch eine Frage loswerden:

«Warum hast du verweigert?»

«Weil ich während meiner Lehrzeit mit meinem Meister zweimal in Polen war ...»

«In Polen? Als Lehrling? Was hast du denn gelernt?» fragte ich.

«Ich hab Orgelbauer gelernt», erklärte Holger. «Wir hatten Aufträge in Holland und in Frankreich und auch in Polen, wie gesagt. Da hab ich mit einer Gruppe Mädchen und Jungen in Krakau Kontakt gehabt, und wir sind an einem Sonnabend mit dem VW-Bus meines Meisters hinüber nach Auschwitz gefahren. Das war ein richtiger Schock für mich! Ich hatte von dem Konzentrationslager gehört und auch schon mal einen Fernsehfilm und Fotos gesehen. Doch der Besuch in dem Lager hat mich wahnsinnig beeindruckt. Am meisten aber hat mich die Haltung der polnischen Mädchen und Jungen beeindruckt. Da waren welche dabei, deren Väter als junge Männer in so einem Lager gewesen waren. Und es waren welche dabei, deren Großväter oder Großmütter, Onkel oder sonstige Verwandte von den Deutschen umgebracht worden waren. Und die Jungen und Mädchen haben sich mir gegenüber so fair und dufte verhalten, das glaubst du nicht! Einige konnten ganz gut deutsch. Ein Mädchen hat zu mir gesagt: ‹Wir müssen Freunde sein, Holger! Es ist gerade zwischen uns ganz wichtig, daß wir Freunde sind, verstehst du! Warum soll ich an Rache denken? Damit deine Kinder wieder bei unseren Kindern an Rache denken? Das nimmt kein Ende, wenn wir nicht endlich Freunde sind!›»

Holger stand immer noch mit dem Emailleschieber vor mir. Er hatte ihn bei seinem Bericht vergessen. Jetzt fiel es ihm auf.

«Himmel», sagte er, «jetzt stehe ich hier immer noch mit diesem dämlichen Gefäß in der Hand und halte dir Vorträge über meine Weltanschauung. Jetzt aber Feierabend! Du kannst ja mal wiederkommen, wenn du Lust hast!»

«Okay!» sagte ich.

«Und noch was», fügte er hinzu, «wenn du verweigern willst, bereite dich gut vor ... und laß dich nicht ins Bockshorn jagen! Tschüs!»

«Tschüs!» sagte ich.

Er lief den Gang entlang davon. Ich sah ihm nach. Die Schwester kam aus dem Schwesternzimmer.

«Wollen Sie sich hier zum Zivildienst melden?» fragte sie.

«Soweit bin ich noch nicht», sagte ich.
«Schade», sagte sie, «wir könnten noch ein paar so gute Leute wie Holger Kollbach gebrauchen ...»

11

Am Schwarzen Brett meiner Schule hing seit einer Woche folgender Hinweis:
«Für die Klassen 11, 12 und 13 fällt am Donnerstag, 8. September, in der 5. und 6. Stunde der Unterricht aus. Alle Jungen der Klassen werden aufgefordert, in den Musiksaal B zu kommen. Dort spricht der Jugendoffizier der Bundeswehr, Oberleutnant Brahm, über das Thema: ‹Wehrpflicht und Landesverteidigung als Friedensgarantie›. Im Anschluß an den Vortrag können Fragen gestellt werden.» Unterschrift – unleserlich. Aber ich kannte das Gekrakel. Es hieß «Donner» und war das Signum unseres Oberstudiendirektors, der im Zweiten Weltkrieg Offizier gewesen ist.
Es gibt schlimmere. In Pit Mertens Schule hat ein Lehrer voriges Jahr zwei Jungen aus der Klasse geschickt – weil sie gesagt haben, daß sie Kriegsdienstverweigerer sind. «Das Fach, das ich jetzt unterrichten werde», soll er gesagt haben, «heißt Gemeinschaftskunde. Leute, die sich außerhalb der Gemeinschaft stellen, indem sie es ablehnen, ihre Wehrpflicht zu erfüllen und die Volksgemeinschaft im Ernstfalle zu verteidigen, haben in diesem Unterricht nichts zu suchen!»
Der eine hat, ehe er rausging, gesagt, daß er den Ausschluß als Bestrafung dafür betrachtet, daß er von seinem – im Grundgesetz verankerten – Recht Gebrauch mache. Aber das hat der Lehrer höhnisch als «Mißbrauch der Freiheit» bezeichnet.
Es hat, sagt Pit Mertens, noch ziemlichen Krach hinterher gegeben. Die Schülerverwaltung hat protestiert, und in der Schülerzeitung hat ein Bericht darüber erscheinen sollen, den der Direktor dann aber untersagt hat. Unglücklicherweise hat sich die örtliche DKP der Sache angenommen und ein Flugblatt dazu verfaßt und verteilt, das leider auch sachlich nicht ganz korrekt war.
Na, und damit waren die beiden Jungen gleich zu Kommunisten

gestempelt und kriegten keinen Fuß mehr an die Erde.
Der eine hat klein beigegebenen und sich entschuldigt und seinen Antrag auf Anerkennung als Kriegsdienstverweigerer zurückgezogen, und er hat dann sein Abitur mit Ach und Krach geschafft. Der andere aber hat abgehen müssen von der Schule, weil fast alle seine Zensuren plötzlich immer schlechter wurden, als er darauf bestanden hat, daß der Lehrer ihn am Unterricht in Gemeinschaftskunde teilnehmen lassen müsse ... und so weiter. Er hat insofern Glück gehabt, als sein Vater auf seiner Seite gestanden hat und außerdem Kohle hatte und ihn auf eine Privatschule schicken konnte.
Aber der Lehrer ist immer noch an der Schule und unterrichtet Deutsch, Geschichte, Gemeinschaftskunde und Religion.

«Da wird Reklame für den Heldentod gemacht», sagte einer der Jungen aus der 13., als wir in einer Gruppe vor dem Schwarzen Brett standen.
«Du redest auch viel, wenn der Tag lang ist, was?!» motzte Hartmut Bentz ihn an.
Der Große lachte los, guckte auf Hartmut Bentz, der fast einen ganzen Kopf kleiner war als er, herab und sagte:
«Solche Gartenzwerge wie du brauchen da ja auch keine Angst zu haben, Kleiner! Ihr könnte euch in jedem Mauseloch verkriechen, wenn's mal knallt!»
Alle lachten. Hartmut Bentz wurde wütend.
«Wer so viel Mist verzapft, sollte besser seinen Mund halten!» giftete er.
Die Pause war vorüber. Wir mußten in die Klassen.
«Vergiß nicht, den Stahlhelm abzunehmen!» flachste der Große noch hinter Hartmut Bentz her. «Sonst halten sie dich beim Kommiß für eine Schildkröte!»
«Arschloch!» zischte Hartmut Bentz und war so böse, daß er sich in der folgenden Deutschstunde verhedderte, als er gleich als erster drankam und was über Heinrich Heines Ballade ‹*Belsazar*› sagen sollte.
Das brachte ihm eine satte Fünf minus ein, und da war er ziemlich sauer.
Am nächsten Tag nach der vierten Stunde gingen wir alle in den

Musiksaal B, um uns den Oberleutnant anzuhören. Ich war ziemlich skeptisch, denn das Thema klang schon von vornherein echt nach Bundeswehrreklame.
Als wir alle versammelt waren, kam der Chef mit dem Offizier. Der hatte zwar Uniform an, eine richtig schicke Uniform mit einer Art Baskenmütze und so Skihosen über Stiefeln aus ganz weichem Leder – aber er sah gar nicht wie ein Offizier aus.
Er hatte einen wilden, dunklen Schnauzbart und ziemlich lange Haare, die hinten über seinen Kragen zipfelten, und wache Augen, die guckten, als ob er uns gleich eher was Komisches erzählen wollte. Er war ziemlich groß und breitschultrig. Donner wirkte echt mickrig neben ihm und sehr alt.
Er stellte ihn uns vor, sagte, er wolle hiermit der Freude Ausdruck geben, daß ein Vertreter der Streitkräfte zu uns gefunden habe ... und forderte uns auf, gut zuzuhören, was der Herr Oberleutnant uns an Kenntnissen vermitteln und welche aufschlußreichen Informationen er uns geben würde.
Der Oberleutnant bedankte sich stumm durch einen Händedruck, folgte aber dann der zum Rednerpult hinweisenden Geste des Direktors nicht, sondern blieb in dem freien Raum zwischen der ersten Bankreihe, dem Flügel und dem Tisch stehen, auf den der Hausmeister extra das Rednerpult gestellt hatte, das nun gar nicht benutzt wurde.
«Herr Oberstudiendirektor, meine Herren, liebe Schüler», fing er an, «ich muß, so leid es mir tut – gleich mit einer Richtigstellung beginnen, obschon ich mich damit in die Gefahr begebe, Ihr freundliches Wohlwollen mir gegenüber zu mindern, Herr Oberstudiendirektor ..., aber es ist so außerordentlich wichtig, daß ich es gleich zu Anfang sage: Die Bundeswehr, für die ich heute vor Ihnen stehe, ist keine ‹Streit›kraft, das heißt, sie ist nicht für Streit gegründet und wird nicht für Streit kräftig gemacht und kräftig gehalten. Streit ist etwas Negatives – und wir sind, wenn das auch seltsam klingen mag, eine positive Einrichtung.
Positiv, weil wir dazu da sind, Streit zu verhindern! Und damit sind wir schon mitten im Thema, und ich bedanke mich bei Ihnen, Herr Oberstudiendirektor, daß Sie mir durch Ihren versehentlichen Fehler die Gelegenheit gegeben haben, so schnell zum Thema zu kommen.

Ihre Schüler – das sehe ich den Gesichtern an – finden es außerdem gewiß großartig, daß auch ihr Direktor nicht ganz ohne Fehler ist!»

Er lachte. Donner, der sich auf einen der Stühle neben den Flügel gesetzt hatte, wo schon ein paar von unseren Paukern saßen, lachte ein bißchen gequält mit.

Durch die Reihen der Oberstufen-Jungen ging ein Schmunzeln.

Der Oberleutnant hatte mit dem geschickten Anfang die meisten gleich auf seiner Seite.

Seine Stimme war sympathisch. Die Art und Weise, wie er sich bewegte, war eindrucksvoll sicher und lässig. Und das, was er sagte, sagte er so gescheit und geschickt, daß es Spaß brachte, ihm zuzuhören, obwohl er von Dingen sprach, die alles andere als vergnüglich waren.

Aber das Wort Krieg, das sehr selten bei ihm vorkam, hatte im Tonfall und in dem Zusammenhang, in den er es stellte, einen sportlichen Klang. Wie eine Sturmbö auf See, mit der gute Segler immer rechnen, auf die sie immer vorbereitet sind, die sie zwar nicht auf die leichte Schulter nehmen – nein, beileibe nicht –, die sie aber auch nicht zu fürchten brauchen, weil sie wissen, daß sie mit ihrem guten Boot, ihrer großartigen Ausrüstung und ihrem Können jeder Sturmbö gewachsen sind.

Wenn der Oberleutnant das Wort ‹Krieg› aussprach – selten, wie gesagt –, dann war da keine Bedrohung, nichts von Blut und Dreck und Tod und Tränen...höchstens ein Gefahrenkitzel, mehr nicht.

Er redete eine gute Dreiviertelstunde. Vieles von dem, was er sagte, hörte sich gut und vernünftig an: Daß die Bundeswehr in der Verteidigung der Freiheit ihre Aufgabe sehe, daß sie also unsere freiheitlich-demokratische Grundordnung vor jedem Angriff zu schützen bereit sei ... und so weiter, und so weiter.

Mich verblüffte folgender Satz:

«Ohne den Schutz der Bundeswehr würde unser Staat wehrlos sein, würden unsere Gesetze möglicherweise von einem Angreifer außer Kraft gesetzt werden. Und das hieße, daß auch der Grundgesetz-Artikel 4, Absatz 3 keine Gültigkeit mehr hätte, daß also niemand mehr das Recht hätte, auf Grund seines Gewissens den Kriegsdienst mit der Waffe zu verweigern ...»

Das war eine neue Überlegung – und sie war bestechend!
«Also», so fuhr der Oberleutnant fort, «muß sich der Kriegsdienstverweigerer klar sein, daß es ihm nur durch die Verteidigungskraft und Verteidigungsbereitschaft der Bundeswehr möglich ist, sich auf sein Gewissen zu berufen und einen entsprechenden Ersatz- oder richtiger: Zivildienst zu leisten! Vor jedem, der es ablehnt, ein Gewehr anzufassen, stehen also zwei oder noch mehr Männer *mit* Gewehr, die seine Freiheit der Entscheidung verteidigen!»
Ja.
So redete er. Und unser Direktor nickte immer mal dazu und ein paar andere Lehrer auch.
Steinke, der uns Wochen vorher die Bilder vom Krieg gezeigt hatte, war nicht dabei. Aber ich bin ziemlich sicher, daß der nicht genickt hätte.
Am Ende seines Vortrags sagte der Oberleutnant noch, daß wir nun Fragen stellen könnten:
«Fragen Sie, meine Herren, was Sie wissen wollen! Ich stehe Ihnen zur Beantwortung zur Verfügung!»
Wir sahen uns an. «Meine Herren» klang uns gut in den Ohren, zumal er es ohne die Ironie sagte, wie sie manche Lehrer manchmal gebrauchen, wenn sie eigentlich «Ihr Dummköpfe!» sagen wollen.
Keiner wollte die erste Frage stellen. Das ist immer so bei Diskussionen im größeren Rahmen: Niemand will anfangen.
Mir war klar, daß die erste Frage sehr wichtig war, denn der Ablauf der Diskussion hing davon ab, ob zum Beispiel jemand fragte, wie er es machen müsse, wenn er zu den Nachrichtentruppen wolle – oder ob jemand fragte, was denn genau unter dem Begriff «Vorwärtsverteidigung» zu verstehen sei, von der ja im Vortrag des sympathischen Oberleutnants auch mal die Rede gewesen war.
Die Schwierigkeit, eine erste Frage zu stellen, war hier im Musiksaal B unserer Schule auch aus dem Grunde groß, weil vorn, neben und vor dem Flügel, die Lehrer saßen. Es war möglicherweise schulischer Selbstmord, wenn man dem Offizier Fragen stellte, die deutlich machten, daß man durchaus nicht mit seiner sportlich-männlichen Auffassung vom Soldatentum und vom Krieg einverstanden war.

Es war richtig schade, daß die Mädchen nicht mitgekommen waren. Ines hätte sicher den Mund aufgemacht. Und Gabi auch. Aber die hatten sich über die zwei Freistunden gefreut und waren lieber nach Hause gegangen oder saßen im Café Krüger, statt sich an einer Versammlung zu beteiligen, zu der sie nicht eingeladen worden waren. Warum waren die eigentlich nicht eingeladen worden?
Und da hatte ich schon die Hand hoch, ehe ich noch richtig über den Wert meiner Frage nachgedacht hatte.
Der Oberleutnant war erleichtert, als ich die Hand hob. Er kannte das schon – die Minuten vor dem Beginn einer Diskussion, ehe sich einer aufrafft.
«Ja, bitte!» rief er froh. «Was möchten Sie wissen?»
Ich stand auf: «Ich wollte fragen, warum Sie über das Thema unter Ausschluß der Mädchen gesprochen haben?» sagte ich und erntete ein verblüfftes Gemurmel und Stirnrunzeln bei zwei, drei Lehrern und ein irritiertes Zwinkern bei dem Oberleutnant.
«Na ja, die sind doch ebenso beteiligt wie wir, meine ich», fuhr ich fort, «denn es sind ja ihre Väter, Brüder, Freunde oder Söhne, die dann schießen müssen – bzw. erschossen werden. Also hätte man sie eigentlich einbeziehen müssen, finden Sie nicht?»
«Ja, das ist richtig», sagte der Oberleutnant, der erstaunlich schnell seine Sicherheit wiedergewonnen hatte, «und ich muß sagen, daß es eine sehr gute Frage ist, für die ich mich bedanke!»
Er machte eine Pause und lächelte mir anerkennend zu, womit er meiner Provokation den Wind aus den Segeln nahm, bewundernswert geschickt, der Kerl.
«Aber ich gebe zu», sagte er weiter, «daß ich darüber noch nicht richtig nachgedacht habe. Natürlich gehören die Mädchen dazu! Wir werden das in Zukunft ändern! Vielen Dank für die konstruktive Kritik und Anregung!»
Die Lehrer, die erst skeptisch geguckt hatten, lächelten mir jetzt auch zu. Sogar Miele, mein Deutschlehrer, nickte zufrieden.
Ich ärgerte mich, denn ich hatte ja was ganz anderes erreichen wollen. Ich hatte erreichen wollen, daß über die am schlimmsten Betroffenen im Krieg was gesagt wird – über die Frauen, die am meisten angeschmiert sind, weil sie die größte Last zu tragen haben. Wenn darüber ein paar Takte gesagt würden, hatte ich ge-

dacht, dann wäre der ganze sportliche Männerton in Frage gestellt, in dem der forsche Oberleutnant geredet hatte. Aber das war in die Hose gegangen. Außerdem hatte der Oberleutnant nun natürlich spitzgekriegt, daß ich nicht auf seinem Dampfer war, und deshalb überging er mich, als ich zum zweitenmal die Hand hob. Er konnte mich mit gutem Grund übergehen, denn es gab nun Frager genug. Er sagte sogar, daß ich bitte warten möchte, denn schließlich sollten ja alle drankommen.

Ich kam gar nicht mehr dran – und vielleicht war das ganz gut so, denn ich hätte ihn nicht nach den Ausbildungschancen, den Verdienstmöglichkeiten und so was gefragt, was die anderen fragten, sondern ich hätte ihn gefragt, was er denn vom gewaltlosen Widerstand halte – so, wie ihn zum Beispiel die Deutschen 1923 an der Ruhr gegen die Franzosen praktiziert hatten, oder Gandhi in Indien, oder die ČSSR 1968 beim Einmarsch der sowjetischen Truppen nach dem Prager Frühling.

Ich bin sicher, er hätte darauf auch eine Antwort gewußt – aber ich kam, wie gesagt, nicht mehr dran.

Es wurde keine schwierige Frage gestellt. Die Diskussion läpperte sich so hin. Nur zum Schluß sagte der eine aus der 13., der sich in der Pause mit Hartmut Bentz angelegt hatte, er wüßte noch nicht, wie er als Soldat mit dem Widerspruch fertig werden sollte, der sich aus seinem Gehorsam als Christ ergäbe. «Denn in den Zehn Geboten», sagte er, «heißt es ausdrücklich: ‹Du sollst nicht töten!› ... und ich muß ja, wenn ich Soldat werde, das Töten lernen, nicht wahr? Und wenn ich es lerne, muß ich auch bereit sein, es zu tun. Sonst brauche ich es ja nicht zu lernen ... oder?»

Da runzelten wieder ein paar Lehrer die Stirn, und Donner schüttelte sogar den Kopf. Nur Kiefer nickte, denn er ist Religionslehrer, und da mußte er ja schon von Berufs wegen bei dieser Frage nicken.

Doch der Oberleutnant war nicht aus der Fassung zu bringen. Er gab sofort Kontra. Und er erwies sich als bibelkundig, denn er zitierte: «Aber es steht geschrieben: ‹Jedermann sei untertan der Obrigkeit, die Gewalt über ihn hat. Denn es ist keine Obrigkeit ohne von Gott; wo aber Obrigkeit ist, die ist von Gott verordnet ...›» – und er nannte auch die Bibelstelle, ich weiß nicht mehr genau – Brief des Paulus an die Römer, glaub ich.

Darauf wäre nun eine Menge einzuwenden gewesen, zum Beispiel, daß die Zehn Gebote höher zu werten sind als eine Paulus-Brief-Stelle, und daß ja schließlich die russische Obrigkeit dann – genaugenommen – auch von Gott ist, und daß der Sowjet-Soldat, wenn er einen Angriffsbefehl seiner Obrigkeit ausführt, eine christliche Pflicht erfüllt ... oder wie ist das? Da schießen dann zwei aufeinander – hier der bundesrepublikanische Nato-Christ und dort der Warschauer Pakt-Christ. Und beide handeln im Sinne des Römerbriefs: Seid untertan der Obrigkeit ..., denn sie ist von Gott! Oder wie?
Zu so einer Diskussion kam es nicht mehr, denn die Zeit war rum. Donner bedankte sich noch einmal. Wir drängten aus dem Musiksaal B und zogen ab aus der Schule nach Hause.

12

Eine Woche danach wurde ich auf dem Ordnungsamt der Stadt «erfaßt». Da mußte ich meinen Personalausweis vorzeigen und einen einfachen Fragebogen ausfüllen, in dem nur die Personalien eingetragen werden sollten.
Am gleichen Nachmittag setzte ich mich hin und schrieb meinen Antrag auf Anerkennung als Kriegsdienstverweigerer. Den Brief brachte ich gleich zur Post und gab ihn als Einschreiben an das Kreiswehrersatzamt auf, wie Conny es mir geraten hatte.
Darauf passierte eine Weile gar nichts. Ich hatte auch so viel mit der Schule zu tun, daß ich zeitweise überhaupt nicht mehr daran dachte. Aber drei Wochen später kam dann die Aufforderung zur Musterung.
Die Musterung ging ziemlich sachlich und schnell über die Bühne. Ich wurde voll tauglich geschrieben. Einer der Uniformierten – ich weiß nicht, ob es ein Unteroffizier oder ein Offizier war – fragte, ob ich einen besonderen Wunsch hätte, zu welcher Waffengattung ich wollte.
«Ich habe einen Antrag auf Anerkennung als Kriegsdienstverweigerer gestellt», sagte ich.
«Ach so», sagte er nur und machte sich eine Notiz auf einer Liste.

Wolfgang Bieber

943 Neustadt
Amselsteg 13
den 13.September 1978

E i n s c h r e i b e n !

An das Kreiswehrersatzamt Neustadt
Moltkestraße 39
943 Neustadt

Betr.:Kriegsdienstverweigerung

Hiermit beantrage ich meine Anerkennung als Kriegsdienstverweigerer aus Gewissensgründen gemäß Artikel 4,Absatz 3 des Grundgesetzes für die Bundesrepublik Deutschland und gemäß § 25 des Wehrpflichtgesetzes.

Wolfgang Bieber

«Damit entfällt ja für Sie zunächst die Eignungsprüfung!»
Nach der Musterung Ende Oktober war wieder ein Vierteljahr Ruhe. Dann kam vom Prüfungsausschuß für Kriegsdienstverweigerer ein Schreiben.
Das war sehr korrekt, mit «Sehr geehrter Herr Bieber!» und «bitte» und «Sie werden gebeten ...» – richtig höflich, gar nicht so behördenamtlich. Aber das, was sie da wollten, kippte mich vom Sockel.
Ich sollte dem Ausschuß «ein möglichst umfassendes Bild» über meine Person vermitteln, indem ich – außer einem «lückenlosen

Prüfungsausschuß für
Kriegsdienstverweigerer beim
Kreiswehrersatzamt Neustadt

943 Neustadt,den o5.Januar 1979
Moltkestraße 39
Tel.: o9821/61o43 App.4o5

Reg.Nr. PA 315/59/8o

Jo/Ri

Herrn
Wolfgang Bieber
Amselsteg 13
943 Neustadt

Betr.: Anerkennung als Kriegsdienstverweigerer
Vorg.: Ihr Antrag vom 13.o9.78

Sehr geehrter Herr Bieber!

Ihr Antrag auf Anerkennung als Kriegsdienstverweigerer ist zuständigkeitshalber dem Prüfungsausschuß für Kriegsdienstverweigerer zugeleitet worden.
Zur Vorbereitung der Entscheidung ist es erforderlich, den Antrag näher zu begründen und in verschiedenen Punkten zu ergänzen. Da nach § 26 Abs. 4 des Wehrpflichtgesetzes bei der Entscheidung die gesamte Persönlichkeit des Antragstellers und sein sittliches Verhalten zu berücksichtigen sind, liegt es in Ihrem Interesse, den Antrag durch solche Angaben zu ergänzen, die geeignet sind, dem Ausschuß ein möglichst umfassendes Bild über Ihre Person zu vermitteln.

Folgende Anregungen bitte ich zu berücksichtigen:

1) Lückenloser Lebenslauf mit Angaben von Alter und Geschlecht etwaiger Geschwister, der Schulbildung und des sonstigen bisherigen Werdeganges mit genauer Bezeichnung der besuchten Schulen, anderer Lehr- und Ausbildungsstätten und etwaiger Arbeitgeber,

2) religiöse, weltanschauliche und sonstige geistige Einstellung,

3) besondere Interessen,

4) Zugehörigkeit zu Organisationen, insbesondere solchen, die für die Kriegsdienstverweigerung eintreten,

5) nähere Darlegung der Gewissensgründe, die zur Kriegsdienstverweigerung veranlassen,

6) Benennung von zwei Zeugen (mit genauen Anschriften), die über Ihre Persönlichkeit, Ihr bisheriges sittliches Verhalten, Ihre religiöse und weltanschauliche Einstellung und Ihre Haltung zu den Fragen des Wehrdienstes Auskunft geben können.

Sie werden gebeten, Ihren Antrag bis zum 3o.o3.1979 in diesem Sinne zu ergänzen.

Hochachtungsvoll
Im Auftrag

(Lorenzen)

Lebenslauf» meine «religiöse, weltanschauliche und sonstige geistige Einstellung» schilderte. Ja, das war nun die große Frage: Was verstanden die unter geistiger Einstellung?
Okay, ich würde da schon irgendwas hinkriegen, obwohl ich noch nicht wußte, wie ich's anfangen sollte. Aber wenn ich mir vorstellte, daß jemand, der nicht gelernt hat, sich so geschickt auszudrükken, so ein Schreiben kriegt – meinetwegen einer, der eben und eben die Hauptschule geschafft hatte und jetzt als Landwirtschaftsgehilfe auf dem Bauernhof war – der würde doch sofort abschalten und den Schrieb in die Ecke knallen. Was sollte der sich denn aus den Fingern saugen, um auf solche blödsinnigen Fragen zu antworten? Ich konnte mir vorstellen, daß mancher schon seinen Antrag zurückgezogen hatte, wenn er diesen höflichen Brief bekam – und das schien mir auch der Zweck der Übung.
Um Soldat zu werden, braucht man seinen Grips nicht anzustrengen. Das geht ohne schriftliche Auskunft über die «geistige Einstellung». Bei Soldaten ist Religion, Weltanschauung und Geist nicht wichtig. Aber wenn man verweigern will, muß man erst mal unter Beweis stellen, daß man gelernt hat, seine Gedanken in kluge Worte zu fassen.
Weil ich es nicht auf die lange Bank schieben wollte, habe ich mich gleich am Abend hingesetzt, meinen «lückenlosen Lebenslauf» geschrieben und meine «religiöse, weltanschauliche und sonstige geistige Einstellung» zu Papier gebracht, sowie eine «nähere Darlegung der Gewissensgründe, die zur Kriegsdienstverweigerung veranlassen».
Das war ein ziemlich hartes Stück Arbeit. Ich habe es auch an dem einen Abend nicht geschafft, sondern noch den ganzen nächsten Nachmittag dazu gebraucht, bis ich fertig war. Ich habe es Conny noch am Telefon vorgelesen, der es auch so in Ordnung fand. Als ich ihn fragte, ob ich ihn als Zeugen nennen dürfte, war er zwar einverstanden, meinte aber, ich sollte doch überlegen, ob ich nicht zwei Zeugen mit mehr Gewicht finden könnte.
«So 'n Student wie ich», sagte er, «auf den geben sie nicht viel. Kannst du nicht versuchen, einen Lehrer oder Pastor oder irgend so jemanden zu kriegen?»
«Mal sehen», sagte ich. «Aber wenn das nicht klappt, sag ich dir Bescheid!»

Wolfgang Bieber

943 Neustadt
Amselsteg 13
den 7.1.1979

Lebenslauf

Ich, Wolfgang Bieber, wurde am 26. Oktober 1960 in Neustadt als Sohn des Industriekaufmanns Karl Hermann Bieber und seiner Ehefrau Agnes Helga Bieber, geb. Frohwaldt geboren.
Ich habe keine Geschwister.
Von 1967 bis 1971 besuchte ich die IV. Volksschule in Neustadt.
Von 1971 an bis jetzt bin ich Schüler des Friedrich Gerstäcker-Gymnasiums in Neustadt.
Die Schule habe ich ohne Schwierigkeiten durchlaufen und bin sicher, daß ich auch das bevorstehende Abitur mit einer guten Zensur bestehen werde.
Von 1973 bis 1978 war ich Mitglied im TSV Neustadt. Hauptsächlich habe ich dort Basketball gespielt und in der Jugendmannschaft auch an Wettkämpfen teilgenommen. Wegen der zunehmenden schulischen Belastungen mußte ich den aktiven Sport aufgeben.Sonst gehöre ich keiner Organisation an. Meine Freizeit verbringe ich mit Lesen, Musikhören und mit Gitarrespielen (klassisch).
Meine Eltern sind seit dreieinhalb Jahren geschieden. Ich lebe bei meiner Mutter, die halbtags im Behinderten-Kindergarten der "Lebenshilfe" e.V. arbeitet. Ich habe dort auch schon oft geholfen.
Warum ich eine Anerkennung als Kriegsdienstverweigerer beantrag, ist im beiliegenden Schreiben begründet.

Wolfgang Bieber

Wolfgang Bieber

943 Neustadt
Amselsteg 13
den 7.1.1979

Begründung

des Antrags auf Anerkennung als Kriegsdienstverweigerer gemäß Art.4, Abs. 3 des Grundgesetzes der Bundesrepublik Deutschland.

Hiermit begründe ich meinen Antrag wie folgt:

Nach langen Überlegungen bin ich zu der Überzeugung gekommen, daß Gewalt in keinem Falle ein Weg ist, der zum Frieden führen kann. Das läßt sich bei genauer Lektüre auch an der Geschichte aller Völker der Erde erkennen. Gewalt muß immer wieder Gewalt zeitigen. Durch Gewalt wird der Gedanke an Rache beim Unterlegenen erzeugt und Rache bedeutet im Allgemeinen wieder Anwendung von Gewalt. Das ist eine Kette ohne Ende. Dieses Denken hat auch schon zur Vernichtung ganzer Völker geführt.

Es ist heute besonders gefährlich, in dieser Denkweise fortzufahren, sie zur Grundlage politischer Entscheidungen und zur Basis einer Weltanschauung zu machen, weil es das "Recht des Stärkeren" nicht mehr gibt im Zeitalter der Massenvernichtungsmittel. Nach Hiroshima müßte allen Menschen klar geworden sein, daß auch der "Sieger" im Falle einer Auseinandersetzung mit Kernwaffen von seinem Sieg nichts hat, weil er ihn bei der verseuchten Welt nicht nutzen kann.

Deshalb wird es höchste Zeit, die Menschen von der Notwendigkeit friedlichen Miteinanderlebens zu überzeugen. Und dazu kann jeder einzelne Entschluß, Gewalt abzulehnen, schon beitragen. Der christliche Gedanke ist auch von einem einzelnen - Jesus Christus - und dann von einer kleinen, aber fest überzeugten Gruppe Menschen ausgegangen und umfaßt heute Millionen. So muß es mit dem Glauben an die Gewaltlosigkeit auch möglich sein.

Neben dieser übergeordneten Erkenntnis bin ich für mich selbst zu der festen Überzeugung gelangt, daß ich unmöglich einen Menschen töten könnte, ohne damit mein ganzes Leben zu verändern und zwar nachteilig zu verändern.

Das menschliche Leben ist etwas so einmaliges, im Grunde unbegreiflich Wunderbares, daß der Gedanke, es zu vernichten, mir echte Angst einflößt. Ich kann deshalb keine Waffe in die Hand nehmen oder bedienen lernen, weil ich bereits bei der Ausbildung zum Töten ein schlechtes Gewissen hätte.

Zu dieser festen Überzeugung bin ich durch die Lektüre mehrerer Bücher über den Krieg gekommen. Ich habe sowohl in dem Buch "Kriegbriefe gefallener Studenten" wie auch in den Büchern "Im Westen nichts Neues", "Krieg" und "Die große Herde" Berichte über menschliches Verhalten und Versagen im Krieg gefunden , als auch in Filmen ("Die Brücke") gesehen, daß der Krieg auch die friedliebenden Menschen zu aggressiven Handlungen zwingt und hinreißt, die sie später nicht mehr gutmachen können und woran sie möglicherweise ein Leben lang leiden.

Ich glaube fest an das Gute im Menschen und möchte mit allen meinen Kräften dafür arbeiten, daß es überhandnimmt und daß die Welt zu einem allgemeinen Frieden findet.

Selbstverständlich erkenne ich das Recht des Staates an, von seinen Bürgern die Erfüllung von Pflichten zu fordern, die dem Allgemeinwohl dienen und zur Aufrechterhaltung der Ordnung notwendig sind. Ich bin daher auch bereit, meine staatsbürgerliche Pflicht in Form eines Ersatz-

- 3 -

dienstes zu leisten. Der Dienst, den ich zu leisten bereit bin sollte möglichst im sozialen Bereich liegen, das heißt im Pflegedienst in einem Altersheim, Krankenhaus oder beim Roten Kreuz oder in der Mitarbeit in einem Kindergarten. Ich habe schon in einem Kindergarten für behinderte Kinder mitgearbeitet und könnte dort, im Falle meiner Anerkennung als Kriegsdienstverweigerer meinen Ersatzdienst ableisten.

Ich bitte hiermit den Ausschuß, von der Ernsthaftigkeit meiner Gewissensentscheidung überzeugt zu sein und mich als Kriegsdienstverweigerer anzuerkennen.

Beim Abendessen redete ich mit meiner Mutter darüber, die sich inzwischen an den Gedanken gewöhnt hatte, daß ich verweigern wollte, und die zum Glück auch eingesehen hatte, daß ihre Meinung falsch gewesen war, als sie geglaubt hatte, das wären bloß Hippies und Gammler, die den Kriegsdienst verweigern.
Im Grunde war sie, glaube ich, ganz glücklich bei der Vorstellung, daß ich in einem Altersheim oder Krankenhaus oder Kindergarten arbeiten würde, statt mit Waffen umgehen zu müssen.
«Vielleicht, wenn du willst», sagte sie, «könnte ich ja mal mit Herrn Wilke reden, ob du ihn als Zeugen nennen kannst ...»
«Das ist eine gute Idee!» sagte ich.
Herr Wilke ist der Leiter des Kindergartens für behinderte Kinder, in dem meine Mutter arbeitet. Er ist so Mitte fünfzig und hat weiße Haare, die ihm wie eine Pelzmütze auf dem Kopf sitzen. Und mit so wasserhellen Augen, wie ich sie sonst noch nie gesehen habe.
Ich kenne ihn schon seit vier oder fünf Jahren und fand schon immer, daß er ein dufter Typ ist. Er hat mich manchmal zu Hilfe geholt, wenn einfach zuviel zu tun war. Dann hab ich mit den Kindern Spiele gemacht oder sie auch schon mal gefüttert. Ein paarmal hab ich auch Kinderfeste mit organisiert. Den würde ich fragen.

Ein ausgelernter Pädagoge, und noch dazu Leiter eines Behinderten-Kindergartens ... Das war ein guter Zeuge, der sicher ein paar gewählte Sätze über mein «sittliches Verhalten» sagen bzw. schreiben konnte – und der von dem Ausschuß bestimmt ernstergenommen würde, als ein Student.
Ich rief ihn selber an:
«'n Abend, Herr Wilke. Hier ist Wolfgang Bieber. Haben Sie zwei Minuten Zeit für mich?»
«Zweieinhalb!» sagte er lachend.
«Ich wollte Sie fragen, ob ich Sie als Zeuge nennen darf für den Prüfungsausschuß für Kriegsdienstverweigerer. Ich habe einen Antrag auf Anerkennung als Kriegsdienstverweigerer gestellt und muß zwei Zeugen angeben, die etwas wissen über meine Persönlichkeit, mein sittliches Verhalten und meine religiöse und weltanschauliche Einstellung und auch noch über meine Haltung zu den Fragen des Wehrdienstes. Könnten Sie das?»
«Ja, du meine Güte», sagte Herr Wilke. «Bißchen viel auf einmal. Darüber haben wir uns ja noch nie unterhalten – ich hab zwar neulich mal ein längeres Gespräch mit deiner Mutter gehabt, und da hat sie mir schon davon erzählt. Sie kennt meine Meinung dazu: ich finde deinen Entschluß sehr vernünftig! Und ich glaub, ich kenn dich gut genug, um den Herren bestätigen zu können, daß du es ernst meinst. – Okay, Wolfgang, ich mach das. Gib ihnen meine Adresse. Die werden sich dann bei mir schon melden, wenn's soweit ist. Wenn du anerkannt bist, was ich hoffe, dann kannst du ja hier im Kindergarten deinen Ersatzdienst machen ... Ich denke, das ließe sich schon irgendwie organisieren. Na, wie wäre das?»
«Gut wäre das!» sagte ich. «Und vielen Dank, Herr Wilke!»

Den zweiten Zeugen verschaffte mir ein Zufall. Als ich nämlich am nächsten Nachmittag in die Stadtbücherei kam, um mir Bücher über die Wilhelminische Zeit zu holen, die ich für Geschichte lesen mußte, stand an der Ausleihe der Steinke, durch den meine Überlegungen zum Thema Soldaten und Krieg eigentlich erst richtig ausgelöst worden waren.
«Das mußt du nicht lesen, wenn du was über diese Zeit wissen willst», sagte er und zeigte auf das Buch, das ich mir schon ausge-

sucht hatte, «das ist eine verlogene Darstellung – die stimmt hinten und vorne nicht. Warte, ich hol dir was anderes – da findest du alles: Die Atmosphäre von damals, die Typen, die Klassen, die soziale Struktur, die Spannungen und die ganz beschissene Kaiserreich-Moral!»

Er lief davon und kam nach einigen Minuten mit einem Buch in der Hand wieder:

«Da», sagte er und gab es mir, «das ist für den Anfang besser als alle Geschichtsbücher und Zahlentabellen!»

Ich las den Titel: *‹Der Untertan›* von Heinrich Mann. Ich kannte das Buch nicht.

«Danke, Herr Steinke!» sagte ich. «Ich hab sie solange nicht an unserer Schule gesehen!»

«Sie haben mich aufs Land versetzt», sagte er. «Ich unterrichte jetzt an einer Aufbauschule in der Marsch ... Das macht richtig Spaß. Kleine, überschaubare Klassen, und die Schüler sind ein dankbares Publikum.»

Das klang wirklich ganz fröhlich, aber ich mußte trotzdem an Hartmut Bentz denken: «Den haben sie bestimmt wegen seiner linken Sprüche nicht angestellt!» Vielleicht war er deshalb aufs Land versetzt worden? Aber wenn ich mir seine Art Unterricht vorstellte – zum Beispiel in Geschichte –, damit würde er dort doch erst recht auf Ablehnung stoßen, zumindest bei den Eltern ...

Ich bedankte mich für den Buch-Tip und wollte mich schon verabschieden, als mir plötzlich einfiel, ihn zu fragen:

«Wissen Sie nicht jemanden, den ich als Zeugen für ‹mein sittliches Verhalten› nennen könnte?»

Er stutzte, sah mich mit schräggelegtem Kopf ein paar Sekunden an, als hätte ich nicht alle Tassen im Schrank, lächelte unsicher und fragte zurück:

«Für dein ... wie bitte? ... sittliches ...?»

«Ich hab einen Antrag auf Anerkennung als Kriegsdienstverweigerer gestellt», erklärte ich. «Und da soll ich dem Prüfungsausschuß zwei Zeugen nennen, die was über meine Weltanschauung und meinen Charakter mitteilen können ... Deshalb fragte ich Sie, aber wenn Sie niemand wissen ... vielleicht könnten sie selber ...?»

«Das ehrt mich», sagte er ganz ernsthaft, «aber ich kann ja nichts

über dich sagen oder schreiben – denn ich kenne dich ja gar nicht. Du mußt es mir nicht übelnehmen, aber ich weiß nicht mal deinen Namen! Ich kenn dich ja nur von den ein oder zwei Stunden, die ich in deiner Klasse gegeben habe. Wie soll ich da was von deiner Weltanschauung wissen oder was über dein …», er lachte, «… über dein sittliches Verhalten aussagen? Verstehst du?»
«Ja», sagte ich leise und war enttäuscht, obwohl ich einsah, daß er recht hatte. Aber ich hatte gedacht, er würde das nicht so genau nehmen.
Er schien meinem Gesicht anzusehen, was ich dachte.
«Diese Gewissensprüfung halte ich zwar für Quatsch», sagte er, «denn man kann ein Gewissen überhaupt nicht prüfen, schon deshalb nicht, weil es ein halbes Dutzend oder noch mehr unterschiedliche Meinungen darüber gibt, was ein Gewissen eigentlich ist. Aber andererseits ist der Artikel 4, Abs. 3 im Grundgesetz eine so gute Sache, daß man es nicht einfach so leichtfertig behandeln sollte. Das Gesetz ist gut, verstehst du, nur ist das, was die Menschen draus machen, wieder mal ausgesprochen schlecht. Das ist mit vielen guten Sachen so. Da könnte ich dir viel erzählen, und wir könnten lange drüber diskutieren. Aber du willst ja keinen Vortrag, sondern einen Zeugen. Was machen wir denn da?»
«Ich heiße übrigens Wolfgang Bieber!» sagte ich und kam mir schon, als ich es sagte, schrecklich albern vor.
Steinke dachte nach. Er sah auf die Uhr.
«Ich mache dir einen Vorschlag», sagte er. «Wenn du Zeit hast, setzen wir uns jetzt eine Stunde irgendwohin, und du erzählst mir was von dir. Hier in der Bücherei geht's nicht, da stören wir die, die lesen wollen. Zu mir nach Hause können wir auch nicht, weil meine Freundin schläft. Sie hat Nachtdienst in der Apotheke gemacht, wo sie arbeitet, und wir haben vorläufig nur anderthalb Zimmer …»
«Gehen wir ins Café Krüger», sagte ich. «Da kann man sich gut unterhalten, und es ist ganz gemütlich.»
«Ja, das ist gut. Ich bin da sowieso noch nie gewesen. Und das ist doch euer Treff, stimmt's?»
«Ja», sagte ich.
Er nahm seine Bücher. Ich ließ den *‹Untertan›* noch auf meiner Lesekarte eintragen. Dann gingen wir.

Das Gespräch mit Steinke im Café Krüger dauerte länger als geplant. Zunächst mal erzählte ich ihm, was ich mache und wie ich drauf gekommen war, diesen Antrag zu stellen, und daß er mit seiner Stunde über den Krieg mir den letzten Anstoß gegeben hatte ... und so weiter.

Ich sagte ihm, was ich in meiner Begründung geschrieben hatte. Das wußte ich fast auswendig, weil ich an dem Text so lange herumgebastelt hatte – und ich berichtete ihm vom Gespräch mit dem alten Bachmann und von meinem Besuch im Krankenhaus und vom Vortrag des Jugendoffiziers in der Schule.

Als ich das alles erzählt hatte, fing er an, mir ein paar Fragen zu stellen: Ob ich mir darüber im klaren sei, daß es unter Umständen ein langes Verfahren werden könne, das nur mit Zeit und Geld und Nervenstärke durchzustehen sei.

«Ja», sagte ich, «es gibt mehrere Instanzen, ich weiß ...»

«Fünf», sagte er, «nach dem Prüfungsausschuß die Prüfungskammer, dann das Verwaltungsgericht, das Bundesverwaltungsgericht und schließlich das Bundesverfassungsgericht. Aber soweit kommt es äußerst selten, soviel ich gehört habe. Denn von den Antragstellern, die der Prüfungsausschuß – also die erste Instanz – ablehnt, werden 50 % von der Prüfungskammer anerkannt. Und von denen, die dort auch wieder abgelehnt werden und die dann vor das Verwaltungsgericht gehen, werden etwa 90 % anerkannt ... Und dann gibt's ja immer noch mal zwei Chancen! Ich glaube nicht – oder besser – ich halte es für unwahrscheinlich, daß sie dich ablehnen, denn du hast gute und glaubhafte Gründe für deinen Antrag. Aber es ist immer auch so 'ne Art Lotteriespiel, soviel ich weiß. Wenn einer Pech hat, und da hocken zum Beispiel zwei Beisitzer, die was gegen Langhaarige haben und selber so gerne an die Zeit zurückdenken, in der sie als Feldwebel oder Offiziere im besetzten Frankreich, Rußland oder sonstwo kleine Herrgötter waren – wenn einer so vom Pech verfolgt ist und noch dazu einen Ausschußvorsitzenden hat, der den Ehrgeiz besitzt, möglichst viele Ablehnungen zu schaffen – dann nutzen weder die besten Argumente viel noch die überzeugendste Gewissensentscheidung ...»

«Was haben Sie eigentlich gemacht?» fragte ich. «Sind Sie beim Bund gewesen?»

«Ich bin Berliner», sagte er, «in Berlin geboren, zur Schule gegangen und dort studiert, ziemlich lange studiert, weil ich erst gar nicht Lehrer werden wollte, sondern Schriftsteller. Aber dann hab ich gemerkt, daß es fürs Schreiben nicht reicht, und dann hab ich noch Pädagogik studiert und bin als Referendar nach Westdeutschland gegangen. Und da war ich schon zu alt, um noch erfaßt, gemustert und eingezogen zu werden. Aber ich hätte wahrscheinlich auch verweigert, glaub ich. – Willst du noch 'ne Cola?»
«Nein, danke!» sagte ich und wartete, was er nun wegen seiner Benennung als Zeuge sagen würde. Aber er fragte erst noch, ob ich schon wüßte, wo ich Ersatzdienst machen wollte, wenn ich anerkannt wurde. Ich erzählte ihm vom Kindergarten für Behinderte und daß ich dort früher schon öfter geholfen hätte, und der Leiter mir sogar von sich aus angeboten hätte, dort mitzuarbeiten.
«Das ist natürlich prima!» sagte er. «Da kann ich dich gleich engagieren, Wolfgang! Ich mache mit meiner Klasse auf dem Land nächsten Monat ein großes Fest. Da könntest du hinkommen und uns ein bißchen helfen bei der Vorbereitung – sozusagen als Gegenleistung für mein Zeugnis bei deinem Prüfungsausschuß, einverstanden?»
«Ja, einverstanden!» sagte ich und mußte grinsen. «Das ist ein Geschäft: Zeugenaussage über sittliches Verhalten gegen «Highlife im Klassenzimmer». Ist gebongt!»
Wir mußten beide lachen. Beinahe hätte ich dabei mein leeres Glas umgeschmissen.

II

«Als eine Gewissensentscheidung ist somit jede ernste sittliche, das heißt an den Kategorien von ‹Gut› und ‹Böse› orientierte Entscheidung anzusehen, die der Einzelne in einer bestimmten Lage als für sich bindend und unbedingt verpflichtend innerlich erfährt, so daß er gegen sie nicht ohne ernste Gewissensnot handeln könnte.»

(Aus dem Normenkontrollverfahren des Bundesverfassungsgerichts vom 20. 12. 1960 zu § 25 des Wehrpflichtgesetzes der Bundesrepublik Deutschland.)

13

Das Gebäude kenne ich schon. Es ist nicht schöner geworden, seit ich zur Musterung hier war, oben im ersten Stock. Damals schien allerdings die Sonne. Da sah es noch ein bißchen freundlicher aus. Jetzt, unter dem grauen Himmel und bei der Nässe – eben hat es geregnet – sind die roten Backsteine fast schwarz.

Vor dem Eingang ist eine große Pfütze. Darin spiegelt sich die schwarz-rote Mauer und das graue Schild: Kreiswehrersatzamt I, Neustadt.

Der Hof ist leer bis auf drei Autos. Zwei zivile und eins mit Bundeswehrkennzeichen. Das eine Zivilauto ist ein großer schwarzer Mercedes. Wenn das einer der Beisitzer in meinem Prüfungsausschuß ist, na, dann prost!

Solche Autos fahren meistens Unternehmer. Und ein Unternehmer, der sich dazu hergibt, hier den Beisitzer zu machen, der ist wahrscheinlich von seiner Partei dazu überredet und vorgeschlagen worden.

Und die Partei ... – ach, Scheiße, ich mache mich schon vorher verrückt.

Es kann ja auch einem ganz anderen gehören, das schwarze Auto.

Ich stelle mein Mofa neben die leeren Fahrradständer. Da steht schon ein anderes Mofa. Hinten auf dem Schutzblech ist einer der gelben Aufkleber. Atomkraft – nein, danke! Kann sein, daß es dem Kollegen, der vor mir dran ist, gehört. Ein Beisitzer oder jemand aus dem Kreiswehrersatzamt wird nicht mit so einem Auf-

Prüfungsausschuß für
Kriegsdienstverweigerer
beim Kreiswehrersatzamt
Neustadt

943 Neustadt, den 23.1.198o
Moltkestraße 39
Tel.:o9821/6748-4o7

Reg.-Nr. PA 245/ 59 / 8o

Lo/da

Herrn
Wolfgang Bieber
Amselsteg 13
943 Neustadt

L A D U N G

Sehr geehrter Herr Bieber,

Sie werden hiermit zur mündlichen Verhandlung über Ihren Antrag auf Anerkennung als Kriegdienstverweigerer vor den Prüfungsausschuß für Kriegsdienstverweigerer geladen.

Die Verhandlung findet statt
am 14. Februar 198o ,um lo.3o Uhr
in 943 Neustadt, Moltkestraße 39 ,Parterre, Zimmer 19

Sollten Sie aus zwingenden Gründen am Erscheinen verhindert sein, müßten Sie dies unverzüglich, gegebenenfalls fernmündlich unter Angabe der Gründe mitteilen. Entschuldigungen machen Ihr Erscheinen nicht entbehrlich, wenn Ihnen keine Nachricht von der Aufhebung des Termins zugeht.
In jedem Falle sind etwaige Hinderungsgründe nachzuweisen.

Bei unentschuldigtem Fernbleiben kann über Ihren Antrag nach Aktenlage entschieden werden.

Fahrkosten werden nur für die Fahrt von der in dieser Ladung angegebenen Anschrift zum Verhandlungsort und zurück erstattet. Fahrpreisermäßigungen sind auszunutzen.D-Zug-Zuschläge können - nicht - erstattet werden.

Sollten Sie sich zur Zeit der Verhandlung nicht an diesem Ort aufhalten, so teilen Sie dieses bitte zur Vermeidung unnötiger Reisen und Kosten unverzüglich unter Angabe der im Briefkopf angegebenen Register-Nummer (Reg.Nr.) dem Prüfungsauschuß mit.

Für die ausgefallene Arbeitszeit hat Ihr Arbeitgeber das Arbeitsentgelt gemäß § 14 des Arbeitsplatzschutzgesetzes zu zahlen.
Sie sollten ihm diese Ladung sofort vorlegen.

Der Personalausweis ist mitzubringen.

Hochachtungsvoll
Im Auftrag

(Lorenzen)

PA lo

kleber rumfahren, wenn überhaupt einer von denen mit 'nem Mofa fährt zu dieser Jahreszeit.
Es ist 10 Uhr 20.
Die erste Verhandlung oder Sitzung ist 9 Uhr 15, hat Hannes Weiß gesagt. Er ist als erster, gleich früh, dran gewesen. Sie haben ihn fast zwei Stunden auseinandergenommen. Zunächst haben sie ihn eineinviertel Stunden lang ausgefragt, und dann haben sie drin alleine noch eine halbe Stunde geredet. Er hat draußen auf dem Gang gehockt und echt gezittert, sagt er.
Ich habe mir überlegt, ob es gut ist, daß ich nicht als erster drankomme. Man weiß es nicht. Wenn sie – so wie heute – vier Verhandlungen an einem Tag haben, und sie sind drauf aus, möglichst viele abzulehnen, dann hat der erste nur eine geringe Chance, anerkannt zu werden. Denn sie wissen ja noch nicht, ob die anderen drei, die später kommen, vielleicht gute Argumente haben und anerkannt werden müssen.
Also werden sie den ersten besonders in die Mangel nehmen. Also ist es gut, daß ich als zweiter drankomme.
Es kann aber auch ganz anders laufen.
Der Flur ist beinahe noch häßlicher als die Fassade des Gebäudes. Er ist dunkel und kalt. Ein oliv-graugrüner, mannshoher Ölsockel schluckt zusammen mit den schwarzen Fußbodenfliesen das bißchen Licht, das durch die zwei vergitterten Fenster an beiden Enden des Ganges kommt. Die Türen sind hellgrau gestrichen. Über der einen steht «Ausbildungsberatung». Ich weiß nicht, für welche Art Ausbildung man sich da beraten lassen kann ..., ob man sich besser zum Töten mit Schußwaffen oder Stichwaffen oder Bomben, Minen, Gas oder Flammenwerfern eignet?
Ich muß mich zusammenreißen! Das ist dummes Zeug, was ich da denke! – Bloß, weil ich vor lauter Bammel sauer auf den ganzen Laden hier bin!
«Du mußt vor allem nicht nervös werden!» hat Pit Mertens gesagt, «und in keinem Falle darfst du aggressiv sein, sonst hast du gleich verspielt!»
«Verspielt ...» – ich habe keine Spiellaune. Mir ist kein bißchen nach Spiel zumute ...
An der zweiten Tür links steht «Prüfungsausschuß für Kriegsdienstverweigerer».

Rechts neben der Tür ist ein Zettel an der Wand. Darauf steht: «Sitzungsplan für Donnerstag, den 14. Februar 1980». Darunter: Verhandlungsort. Darunter: die Namen der Ausschußmitglieder. Der Vorsitzende heißt Wolfram Kugel. Vor seinem Namen steht RR. Ich weiß nicht, was das bedeutet. Rolls-Royce sicher nicht. Vielleicht «Regierungsrat»?

Ist auch schnuppe ...

Darunter stehen die Namen und Wohnorte der drei Beisitzer.

Der erste heißt Jochen Merz und wohnt in Neustadt. Der zweite heißt Leopold Haberland und wohnt in Grotten, das ist ein Dorf zehn Kilometer flußabwärts, das wird wohl ein Bauer sein, heiliger Bimbam!

Der dritte heißt Heinz Mühlberg und wohnt in Binsheim, das ist das Städtchen in der Marsch, wo die verrückten Motorradsportler immer ihre Sandbahnrennen machen.

Ich kann mir bei den Namen nichts vorstellen.

Hinter der Tür klappert eine Schreibmaschine. Ich klopfe. Eine helle Stimme ruft: «Herein!»

Ich öffne die Tür, die leise in den Angeln knarrt, und gehe hinein. Es ist ein ganz normales Büro. Im Ordnungsamt der Stadtverwaltung, bei der Musterungsbehörde, auf der Polizei – alle amtlichen Büros sind überall mit den gleichen Schreibtischen, Rollschränken und Drehstühlen eingerichtet.

Hier stehen auf dem einen Fensterbrett ein paar blühende Pflanzen. Das ist aber auch das einzige, was nicht überall gleich ist. An einer Schreibmaschine sitzt eine Frau. Sie ist schlank und hat nette Augen hinter ihren riesengroßen Brillengläsern. Ich bin ein wenig verdutzt, denn ich habe in diesem Militärbau keine Frau erwartet.

«Sind Sie Herr Bieber?» fragt sie nach einem kurzen Blick auf die Kopie des Sitzungsplanes, der neben ihrer Schreibmaschine liegt.

«Ja», sage ich.

«Es dauert noch ...» sagt sie, «aber bestimmt nicht mehr lange. Sie können hier Platz nehmen!» Sie zeigt auf einen Stuhl an der Wand, «... oder auch draußen warten, wie Sie wollen.»

Über dem Stuhl hängt ein Kalender, auf dem lachende Männergesichter unter Stahlhelmen zu sehen sind, die vor die Mündung einer Kanone – oder heißt das «Geschütz»? – gruppiert sind.

Warum die wohl lachen?
Ich will nicht unter diesem Foto sitzen.
«Ich warte draußen», sage ich.
«In Ordnung», sagt die Frau. «Ich rufe Sie, wenn es soweit ist.»
Auf dem Flur steht eine Bank. Aber ich bin viel zu hippelig, um mich dahinzusetzen. Ich laufe bis zum hinteren Fenster und wieder zurück bis zur Treppe. Es sind neununddreißig Schritte. Warum sie wohl die Fenster hier vergittern? Was gibt's denn in diesem Hause Kostbares, das sich zu klauen lohnte?
Ich bin froh, daß ich meine Schuhe mit den Kreppgummisohlen angezogen habe. Wenn ich die mit den Ledersohlen anhätte, könnte ich nicht hin und her laufen. Das würde klappern auf dem Steinfußboden und möglicherweise die Gewissensprüfung hinter der Tür stören.
Als ich das dritte Mal hin und her gehe, kommt aus der Bürotür ein Junge. Er ist ungefähr so alt wie ich.
«Hey!» rufe ich und gehe schnell zu ihm. «Warst du gerade dran?»
«Ja», sagt er und strahlt, «die sind okay! Ich bin anerkannt!»
«War es schwierig?» frage ich.
«Nein», sage er, «das sind ganz dufte Typen. Der eine mit dem roten Gesicht hat gar nichts gesagt, und die anderen zwei auch nicht viel. Und der Vorsitzende ist echt in Ordnung. Da brauchst du keine Manschetten zu haben! Ich bin jedenfalls durch!»
«Gratuliere!» sag ich und will noch mehr fragen – da geht die Tür schon wieder auf und die Frau mit der großen Brille guckt raus und ruft:
«Herr Bieber, bitte!»
Ich gehe durch das Büro in den anschließenden Raum, zu dem die Tür offensteht. Das ist ein kahles, nüchternes Zimmer, in dem nur drei Tische, fünf Stühle und ein leeres Aktenregal stehen.
«Guten Tag!» sage ich.
Die vier Männer nicken und murmeln einen Gruß.
Die Tische sind so aufgestellt, daß hinter zwei, an der Schmalseite nebeneinandergestellten, die Mitglieder des Prüfungsausschusses sitzen; davor, am dritten Tisch, ist ein leerer Stuhl.
«Bitte, Herr ... äh ... Bieber, nehmen Sie Platz! Oder legen Sie erst mal ab, bitte!» sagt der eine der vier Männer.
Er hat einen gepflegten Vollbart, sitzt links am Tisch an der Fen-

sterseite, und hat vor sich ein paar Akten liegen und ein Diktiergerät stehen.
Er zeigt auf den leeren Stuhl. Ich ziehe meine Parka aus – weiß aber dann nicht, wohin damit.
«Legen Sie Ihre Jacke auf das Regal», sagt der Mann.
«Danke», sage ich und setze mich.
«Darf ich – ehe wir in die Verhandlung eintreten – um Ihren Personalausweis bitten», sagt der mit dem Vollbart. «Das ist kein Akt persönlichen Mißtrauens, Herr Bieber, verstehen Sie das bitte richtig – aber wir müssen uns überzeugen, daß auch der Richtige vor uns sitzt!»
Er lacht ein kleines Lachen. Ich verstehe nicht, warum er lacht. Ist das irgendwie komisch, daß er von mir den Personalausweis sehen will? Ich gebe ihm das graue Heftchen über den Tisch. Er blättert darin, vergleicht das Bild, zeigt es dem Mann, der links – also von mir aus rechts – neben ihm sitzt und sagt, immer noch lachend:
«Na ja, das wird er wohl sein, der Herr Bieber – was meinen Sie – unverkennbar, nicht wahr?!»
Der Mann neben ihm nickt stumm und sieht mich prüfend an. Er ist schon älter, sicher Mitte–Ende fünfzig, hat ein langes Gesicht mit tiefen Falten in den Backen, eine große Nase, eine randlose Brille und eine Glatze.
Ich kriege den Ausweis zurück und stecke ihn ein.
Der Mann in der Mitte der drei Beisitzer, also der neben dem mit der Glatze, hat ein krebsrotes Gesicht und dünnes Haar, das er straff an den Schädel gebürstet hat. Er ist ziemlich dick und hat auch Hände mit Frankfurter-Würstchen-Fingern. Er hat offenbar Schwierigkeiten mit der Luft, denn er schnauft immer mal ganz tief, als ob er gerade ein schweres Gewicht gestemmt hätte.
Der dritte Beisitzer ist groß und schwarzhaarig. Er hat eine Haut mit lauter Narben, wie ein großes Reibeisen.
Ich denke «Beisitzer», dabei weiß ich gar nicht, wer der Vorsitzende und wer ... Jetzt geht's los!
Der Vollbärtige sagt:
«Zu Ihrer Information, Herr Bieber, einiges über das Verfahren vorweg. Die drei Herren zu meiner Linken stellen den Ausschuß dar. Sie sind Persönlichkeiten des öffentlichen Lebens und als Beisitzer gewählt bzw. benannt worden. Sie sind in ihrer Meinung

Prüfungsausschuß für
Kriegdienstverweigerer beim
Kreiswehrersatzamt Neustadt

943 Neustadt, am o4.2.198o
Moltkestraße 39

Az.: 29-14-ol-ol

S i t z u n g s p l a n

für Donnerstag , den 14.Februar 198o

Verhandlungsort: 943 Neustadt, Moltkestraße 39, Parterre ,Zimmer 19

Vorsitzender: RR Wolfram Kugel

Benannter Beisitzer: Jochen Merz, Bahndamm 11, 943 Neustadt

Gewählter Beisitzer: Leopold Haberland, Am Teich 3,9433 Grotten

Gewählter Beisitzer: Heinz Mühlberg, Bergstr.4, 942 Binsheim

Lfd.Nr.	Uhrzeit	Reg.Nr, PA	Vorname,Name, geb.am: Anschrift:
1	o9.15	151/53/78	Peter Eilers,geb.o3.o5.59 Am Feldweg 8 9432 Bensheide
2	1o.3o	245/59/8o	Wolfgang Bieber, geb.26.1o.6o Amselsteg 16 943 Neustadt
3	13.15	5o/6o/79	Harry Beining,geb,29.3.6o Rehbachstraße 2 9436 Kohren
4	14.3o	15/6o/79	Uwe Döring,geb.18.11.6o Birkenweg 37 943 Neustadt

Verteiler:
1 x Vorsitzender
3 x Beisitzer
1 x Widerspruchsführer
1 x Sitzungsraum
1 x Zahlstelle
1 x Entwurf

Ausgefertigt:
Biedermann
(Biedermann)

unabhängig und gehören nicht der Bundeswehr an. Nur, damit Sie nicht glauben, hier säßen Bundeswehrangehörige über Sie zu Gericht. Es sitzt niemand über Sie zu Gericht – die drei Herren sollen sich aus dem Verfahren ein Bild von Ihnen machen und dann entscheiden, ob Sie den Artikel 4, Absatz 3 des Grundgesetzes zu Recht für sich in Anspruch nehmen, das heißt, ob Sie glaubhaft gemacht haben, daß Ihrem Antrag auf Anerkennung als Kriegsdienstverweigerer eine echte Gewissensentscheidung zugrunde liegt. Ich selbst leite die Verhandlung. Dazu bin ich von der Bundeswehrverwaltung beauftragt. Aber ich habe bei der Beschlußfassung keine Stimme. Ist Ihnen das klar, Herr Bieber?»

«Ja», sage ich. Weiter nichts.

Das klingt zwar ein bißchen dünn nach seiner langen Rede, aber was soll ich sonst sagen?

Er sieht mich freundlich an. Der Glatzkopf sieht mich ernst und mit unbewegtem Gesicht an. Der Rotkopf sieht mich aus seinen kleinen Augen neugierig an. Der große Schwarzhaarige mit dem Reibeisengesicht lächelt zaghaft.

Ich habe keine nassen Hände mehr. Sie sind alle ganz friedlich, wie mir scheint.

Der Vorsitzende erläutert, wie das nun vor sich gehen wird: daß er meine Aussagen auf Band diktieren will und daß ich bitte genau hinhören möge und mich gleich melden, wenn irgend etwas mißverständlich oder falsch wiedergegeben sei. Er hat eine angenehme Stimme und redet nicht laut, so daß ich gut aufpassen muß.

Dann sagt er noch, daß die Beisitzer die Akte nicht kennen, weil sie sich unbeeinflußt einen objektiven Eindruck von mir machen sollen, und daß er deshalb jetzt den Lebenslauf vorlesen will, den ich geschrieben habe.

Er liest ihn vor und fragt die drei Männer, ob sie «irgendwelche Fragen zur Person» haben.

Der mit der Glatze nickt.

«Bitte sehr!» sagt der Vorsitzende.

«Wissen Sie, ob Ihr Vater Soldat gewesen ist?» fragt mich der glatzköpfige Beisitzer.

«Er war nicht Soldat», sage ich.

«Haben Sie trotz der Scheidung Ihrer Eltern noch Kontakt mit Ihrem Vater?» fragt er weiter.

«Sehr wenig», sage ich.
«Haben Sie mit ihm darüber gesprochen, daß Sie den Antrag auf Anerkennung als Kriegsdienstverweigerer stellen wollen?»
«Nein», sage ich, «wir ... wir reden nur das Notwendigste und Wichtigste miteinander, wenn wir mal telefonieren ...»
«Ach ja ...?!» sagt jetzt der Schwarzhaarige ganz rechts ziemlich laut dazwischen, «... und Ihre Einstellung zur Wehrpflicht ist für Sie nicht so wichtig ... wie?»
Das klingt eigentümlich feindselig. Ich suche nach einer Antwort.
«Die Dinge, über die ich mit meinem Vater rede, betreffen meistens Geld ... also, daß ich ihn um Zuschuß zu einer Reise fragen muß oder so was ...»
Der Dicke mit dem roten Kopf hat die ganze Zeit die linke Hand hinters Ohr gelegt und mit angestrengtem Gesichtsausdruck und mit vorgeneigtem Kopf zugehört.
«Wenn Sie etwas lauter sprechen könnten, bitte!» sagt er jetzt. «Die Akustik ist so schlecht hier!»
Mir fällt der alte Bachmann ein, der seine Schwerhörigkeit auch auf die Akustik im Zimmer schiebt. Darüber verpasse ich die nächste Frage von dem Schwarzhaarigen und muß nachfragen:
«Wie bitte? Ich habe nicht verstanden!» sage ich.
«Ich wollte nur noch wissen, ob Geld Ihnen wichtiger ist als weltanschauliche Fragen», sagt er.
«Das verstehe ich nicht ...», sage ich und merke, daß ich verschaukelt werden soll von dem Kerl. «Ich meine, ich verstehe nicht, was Sie damit meinen?»
Er verzieht spöttisch die Mundwinkel:
«Nun – wenn Sie sagen, daß Sie mit Ihrem Vater nur das Wichtigste besprechen und dann erklären, daß es sich bei diesen Gesprächen immer um Geld dreht ...» sagt er und guckt mich aus schmalen Augen scharf an, «... dann ist Ihnen so was wie Wehrpflicht oder Verweigerung doch offenbar nicht wichtig – oder?»
Verdammte Scheiße! Er will mich verunsichern – und schafft es natürlich prompt.
Da kommt unerwartet Hilfe von dem Glatzkopf. Der wirft dem Schwarzhaarigen einen spöttischen Seitenblick zu und sagt zu mir:
«Habe ich es richtig verstanden – Sie wollen sagen, daß Ihr Kontakt zu Ihrem Vater so lose, so schlecht ist, daß sie mit ihm ledig-

lich über materielle Dinge sprechen, weil Sie – nun, sagen wir mal – ‹menschlich› nichts, oder nichts mehr verbindet, nicht wahr?»
«Ja, genauso ist es!» sage ich erleichtert und dankbar.
Der scheint okay zu sein. Jedenfalls können es die zwei offenbar nicht so richtig miteinander. Vielleicht ist das ein Vorteil für mich ... oder auch nicht ...
Der Vorsitzende sieht seine Beisitzer fragend an. Keiner hat mehr Fragen «zur Person».
Jetzt fischt er meine schriftliche Begründung aus seinem Aktendeckel – und gibt sie mir über die Tische.
«Würden Sie uns Ihre Begründung bitte selbst vorlesen?» sagt er.
Ich lese vor; gebe mir viel Mühe, laut genug, langsam, deutlich und mit richtiger Betonung zu lesen. Als ich fertig bin und das Papier zurückgegeben habe, fängt der Vorsitzende an:
«Das, was Sie da vortragen in Ihrer schriftlichen Begründung, Herr Bieber, ist alles sehr gut – aber ich kann daran nichts finden, was ich anders als Sie sehe. Auch ich betrachte Gewalt nicht als Mittel zur Durchsetzung von Ideen oder zur Erhaltung des Friedens. Auch ich – wie wohl alle denkenden Menschen – verabscheue wie den Krieg und kann nicht ohne Gewissensnot daran denken, daß ich als Soldat gezwungen sein könnte – ‹könnte›, Herr Bieber! –, andere Menschen zu töten. Aber wenn Sie sich nun so viele Gedanken gemacht haben, dann haben Sie sich doch auch überlegt, was das Wort ‹Verteidigung› bedeutet ... oder?»
«Sicher habe ich mir das überlegt», sage ich. «Aber ich glaube nicht an den Wert einer Verteidigung durch Abschreckung. Das liegt doch schon in dem Wort ‹Abschreckung›, daß damit auch gleich eine Drohung verbunden ist. Und Drohung ist ja schon wieder Gewalt ...»
«Auch staatliche Ordnung braucht aber Gewalt», sagt der Vorsitzende. «Das wissen Sie doch. Oder kennen Sie Ihr Grundgesetz, unser Grundgesetz, nicht?»
«Doch ... kenn ich», sage ich.
«Wie heißt denn der Artikel 1, Absatz 1?» fragt er.
Und der höhnische Schwarzhaarige mit dem Reibeisengesicht wirft ein: «Oder kennen Sie nur den Artikel 4, Absatz 3 ..., weil Sie den gebrauchen können?»
Ich gucke von einem zum anderen.

Der Glatzkopf runzelt ein bißchen die Stirn. Der mit dem roten Gesicht hat schon wieder die Hand hinter dem Ohr und reißt die kleinen Augen auf.
Mir fällt der Artikel 1 nicht sofort ein.
«Nun?» fragt der Vorsitzende.
«Die Würde des Menschen ist unantastbar ...» sage ich. Aber wie geht's weiter, zum Teufel? Es geht doch noch weiter! Verflucht, wir haben das mal in der Schule auswendig lernen müssen – bei dem ekelhaften Deutschlehrer in der 8. Klasse.
«Und weiter?» bohrt der Vorsitzende. «Jetzt kommt's nämlich, was wir von Ihnen gerne hören wollen ... Nun?»
Kurzschluß. Blackout. Sense ... Ich weiß es nicht.
«Die Würde des Menschen ist unantastbar», wiederholt der Vorsitzende und fährt – ein bißchen lauter und langsamer – fort: «Sie zu achten und zu schützen ist Verpflichtung der staatlichen Gewalt. – Erinnern Sie sich? Da ist das böse Wort ‹Gewalt›. Was sagen Sie dazu?»
«Wenn *ich* in dem parlamentarischen Rat damals gesessen hätte», sage ich und spüre, daß ich mich zusammennehmen muß, um nicht sauer – nein, aggressiv zu werden –, «dann würde ich das Wort ‹Gewalt› auch nicht da reingebracht haben, denn es ist zu leicht mißzuverstehen. Gemeint ist im Grundgesetz ja nicht militärische Gewalt, sondern, glaub ich, staatliche Macht, das heißt, die Ordnungsmacht ... Sonst hätten wir, wenn die Leute damals Gewalt so aufgefaßt hätten, wie Sie es heute hier auslegen, dann hätten wir ja auch die Todesstrafe!»
«Was hat denn das damit zu tun?» ruft der Schwarzhaarige laut.
«Sind Sie gegen die Todesstrafe?» fragt der Vorsitzende. Ich glaube, er lächelt. Man kann das nicht so recht sehen hinter seinem Vollbart.
«Ja», sage ich und gebe auch gleichzeitig die Gründe an, um ihm das Nachfragen zu ersparen:
«Erstens ist das auch nur ein Abschreckungsmittel, noch dazu eins, das nichts bringt, weil keiner, der ein Kapitalverbrechen begeht, damit rechnet, jemals gefaßt zu werden. Zweitens ist statistisch nachgewiesen, daß die Kriminalität in den Ländern, die noch die Todesstrafe haben, auch nicht geringer ist, und drittens gibt's eine Reihe von Justizirrtümern, die den Richter, den Hen-

ker, den Staat zu Mördern gemacht haben, weil sie jemanden zum Tode verurteilt und hingerichtet haben, der unschuldig war. Deshalb lehne ich die Todesstrafe grundsätzlich ab!»

Der Glatzkopf nickt. Der Rotkopf scheint zu schlafen – jedenfalls hat er die Augen geschlossen –. Der Schwarzkopf macht ein finsteres Gesicht.

«Wollen Sie mit all dem sagen, daß Sie den Staat nicht anerkennen und vielleicht nur darum nicht Soldat werden können?» fragt er und verzieht sein Reibeisengesicht zu einem gekünstelten Lachen.

Am liebsten würde ich jetzt antworten: «Das ist ein zu billiger Trick, du Blödmann!» – doch ich sage:

«Aber nein! Ich anerkenne den Staat und sein Recht, die Bürger – alle Bürger – zur Dienstleistung für die Gemeinschaft zu verpflichten. Ich werde dieses Recht des Staates immer bejahen. Aber ich kann nicht gegen mein Gewissen auf Menschen schießen und sie verletzen oder töten. Und ich möchte ausdrücklich betonen, daß ich weiß, wie gut unser Grundgesetz ist, weil es jedem das Recht einräumt, den Kriegsdienst zu verweigern, denn –»

«Augenblick bitte!» unterbricht mich der Vorsitzende mit seiner sanften und melodischen, aber trotzdem durchdringenden Stimme. «Das ist gut, daß Sie das sagen, Herr Bieber! Da kann ich Ihnen gleich – wenn Sie mir die Unterbrechung erlauben – vorhalten, ob Sie sich darüber im klaren sind, daß es nur durch den Schutz, den die Bundeswehr für unser Land darstellt, für Sie möglich ist, den Kriegsdienst zu verweigern. Ohne Bundeswehr wären wir wahrscheinlich längst besetzt, und dann hätten Sie nicht die geringste Chance, sich auf Ihr Gewissen zu berufen und es abzulehnen, eine Waffe in die Hand zu nehmen.»

«Denn in anderen Ländern», sagt der mit dem roten Kopf plötzlich – und das ist auch das erste und einzige, was er sagt, «in anderen Ländern gibt's so was nicht! Im Osten schon überhaupt nicht!»

Das ist falsch. Ich habe gerade vor ein paar Tagen von Herrn Wilken eine Liste gekriegt, auf der alle NATO- und Warschauer-Pakt-Staaten verzeichnet waren. Von neun NATO-Staaten gibt es in sechs die Möglichkeit, den Kriegsdienst zu verweigern, und sogar bei den sieben Warschauer-Pakt-Staaten erlauben zwei – Polen

und die DDR – die Kriegsdienstverweigerung. Zwar nur aus religiösen Gründen – aber immerhin.
Das würde ich dem Dicken jetzt am liebsten vor den Latz knallen, aber ich hüte mich, es zu sagen, denn das ganze Gespräch ist sowieso bis jetzt viel zu «politisch» gelaufen. Wenn sie wollen, können sie dann sagen, ich sei ja gar nicht aus Gewissensgründen Kriegsdienstverweigerer, sondern aus politischen Gründen. Und das würde eine glatte Ablehnung bedeuten.
Also halte ich den Mund und verkneife es mir zu widersprechen...

14

«Haben Sie denn eine Idee», fragt mich der Vorsitzende jetzt, «wie man – als einzelner oder als Gruppe oder als Volk – einer Bedrohung entgegentreten kann?»
«Ich bin für Gespräche, Verhandlungen, Konferenzen zwischen den Völkern», sage ich, «in denen alle strittigen Fragen geklärt werden – und wenn es Monate oder Jahre dauert.»
«Und was soll der einzelne tun, wenn er bedroht ist?» fragt der Schwarzhaarige.
«Das kommt auf die Situation an», sage ich. «Sicher gibt's Situationen, in denen man sich wehren muß –»
«Na also!» ruft der Schwarzhaarige. «Da sind wir uns doch einig, junger Mann!»
«... Ich kann aber als einzelner solche Situationen vermeiden!» sage ich. «Wenn ich weiß, dort im Gasthof soundso treffen sich die Schläger der Stadt und betrinken sich und randalieren, dann gehe ich eben nicht hin. Und wenn mir ein paar davon woanders begegnen, und es gelingt mir nicht, mit denen zu reden und sie auf 'ne ruhige Art davon abzubringen, dann verziehe ich mich eben und zeige ihnen nicht auch noch, ob ich Muskeln oder 'ne Waffe habe.»
«Sehr mutig sind Sie also nicht», sagt der Vorsitzende. «Man muß doch auch für seine Freiheit was tun und riskieren!»
«Ich bin lieber ein lebendiger Feigling», sage ich, «als ein toter

Held, weil ich, solange ich lebendig bin, etwas für meine Idee vom Frieden machen kann. Wenn ich mal tot bin, kräht kein Hahn mehr danach, daß ich heldenhaft gestorben bin.»

«Es gibt für Sie demnach kein Heldentum?» fragt der Vorsitzende.

«Doch», sage ich. «Die Männer von der Bergwacht und die vom Seenotrettungsdienst und der Arzt, der an sich selber eine gefährliche Untersuchungsmethode oder ein neues Medikament ausprobiert, und die Krankenschwester in Kambodscha oder sonstwo, die Leute pflegt, auch wenn die eine hochgefährliche, ansteckende Krankheit haben ... und so weiter ... Das sind für mich Helden!»

«Sehr schön!» sagt der Vorsitzende.

Ich weiß nicht recht, ob er es ironisch meint, denn der Schwarzhaarige kichert so seltsam.

«Wie würden Sie sich denn verhalten, Herr Bieber», fragt der Vorsitzende jetzt, «wenn gar nicht Sie selbst bedroht wären – sondern, sagen wir mal, eine Gruppe Kinder! Da läuft ein Besoffener oder Verrückter auf einen Spielplatz und fängt an zu schlagen und zu treten ... richtig brutal und gefährlich. Was machen Sie, wenn Sie das zufällig beobachten?»

«Ich würde selbstverständlich alles tun, um den Mann davon abzuhalten», sage ich. «Ich würde versuchen, ihn zu beruhigen, ich würde Hilfe rufen, die Polizei alarmieren ...»

«Und wenn das alles nichts hilft und nicht schnell genug geht? Würden Sie auch Gewalt anwenden?» fragt der Vorsitzende.

«Ja, wenn ich damit Unheil abwenden kann, daß ich ihn festhalte oder umschmeiße oder so was ... und es gibt keine andere Möglichkeit, die Kinder außer Gefahr zu bringen, dann würde ich auch Gewalt anwenden – ohne ihn zu töten allerdings. Aber ich kann das hier nur spontan beantworten, weil ich ernstlich nicht weiß, wie ich mich verhalten würde in so einer Art Notwehrsituation.»

Es entsteht eine Pause.

Der Vorsitzende sagt, er möchte das bisher Verhandelte im Protokoll festhalten. Ich solle also jetzt gut aufpassen, daß er da nichts Falsches diktiere. Die ganze Zeit hat er sich Notizen auf einem Zettel gemacht. Nun nimmt er den Zettel und diktiert in das Handmikrofon. Er faßt zusammen. Einiges klingt in der kurzen Form fremd – aber sachlich ist alles richtig, was er diktiert.

Ich habe nichts einzuwenden.
Das scheint ihm zu gefallen.
Mir wäre es egal, ob es ihm gefällt oder nicht. Wenn er da was Falsches diktieren würde, käme es mir nicht drauf an zu meckern. Aber nein, er macht das sehr korrekt.
Ich habe überhaupt keine Ahnung und auch kein Gefühl, ob die Verhandlung gut oder schlecht für mich läuft.
Jetzt fragt der Glatzkopf mit der randlosen Brille, ob ich denn – im Falle meiner Anerkennung als Kriegsdienstverweigerer – schon wüßte, welche Art von Zivildienst ich machen möchte. Ob ich mich darum schon gekümmert hätte?
Er hat nicht aufgepaßt. Das steht ja in meinem Schreiben zum Antrag, daß ich im Behinderten-Kindergarten arbeiten möchte und dort wohl auch einen Platz kriegen könnte.
Der Vorsitzende macht ihn drauf aufmerksam.
«Ach – 'tschuldigung», sagt der Beisitzer, «das muß ich überhört haben. Also im Behinderten-Kindergarten? Und da haben Sie auch schon mitgearbeitet?»
«Ja», sage ich.
«Was sind das für behinderte Kinder? Und was haben Sie da gemacht?» will er wissen.
«Es sind dreißig Kinder», erkläre ich, «zum Teil mongoloide, einige Spastiker, zwei mit schweren Sprachstörungen, einige sind gelähmt und so ... Ich habe mit denen Spiele gemacht, gebastelt, manchmal habe ich geholfen, sie zu füttern, oder wenn sie sich dreckig gemacht haben, sie umzuziehen ... Na ja, was da so zu tun ist.»
«Haben Sie sich da nicht geekelt?» fragt der Vorsitzende.
«Anfangs schon», gebe ich zu, «aber das kann man überwinden ...»
«Interessant!» sagt der Vorsitzende.
Es gibt wieder eine Pause.
Der Schwarzhaarige fragt:
«Woher wissen Sie so genau, daß sich Ihr Leben negativ verändern würde, wenn Sie gezwungen wären, einen Menschen – wohlgemerkt im Verteidigungsfalle – zu töten?»
«Weil mich allein schon die Vorstellung, daß mein Geschoß oder so, also meine Waffe, ein Leben vernichtet, weil mich schon der

Gedanke so belastet, daß ich ganz unruhig werde, richtig Herzklopfen bekomme ...»
«Aber für Ihren festen Glauben an die Gewaltlosigkeit würden Sie auch Schwierigkeiten und Nachteile auf sich nehmen?» fragt der Vorsitzende.
«Ja, ich denke schon!» sage ich.
Ich habe die letzten Sätze ziemlich leise geredet, weil mich diese Fragerei allmählich doch fertigmacht.
Der mit dem roten Gesicht ist aufgewacht.
«Lauter, bitte!» sagt er, die Hand hinter dem Ohr.
«Und Sie würden in Ihrem – äh – Friedensidealismus soweit gehen», fragt der Schwarzhaarige, «daß Sie sich dafür auch an die Wand stellen ließen?»
«Das weiß ich nicht», sage ich. «Das ist eine Lage, in die ich mich nicht so hineindenken kann, daß ich wüßte, wie ich mich verhalte ...»
Der Vorsitzende diktiert den Rest seiner Notizen mit seiner sanften und melodischen Stimme wieder ins Mikrofon. Ich passe gut auf. Ich habe aber wieder nichts auszusetzen.
Er fragt jetzt seine drei Beisitzer, ob sie noch irgendwelche Fragen haben. Sie schütteln alle drei – fast im gleichen Takt – den Kopf. Das sieht sehr komisch aus. Aber mir ist nicht nach Lachen zumute.
Der Vorsitzende verliest jetzt noch die Aussagen der beiden Zeugen. Das, was Herr Wilken geschrieben hat, kenne ich schon. Er hat mir einen Durchschlag zu lesen gegeben. Aber das, was Herr Steinke geschrieben hat, ist mir neu. Er hat eine ziemlich ausführliche Beschreibung meiner Person und meiner Gründe angefertigt, und das, was er sagt, klingt alles sehr gut. Der Vorsitzende liest diese beiden Zeugenaussagen ziemlich schnell und ohne Betonung herunter. Er sagt noch etwas über den Beruf und das Alter der beiden Zeugen. Dann fragt er mich, ob das Protokoll alles in meinem Sinne wäre, und er schließt die Verhandlung, indem er ins Mikrofon etwas von Einverständnis des Antragstellers und so weiter und so weiter sagt.
«Da Sie ja in Neustadt wohnen, werden Ihnen keine Fahrkosten entstanden sein», sagt er, «also bitte ich Sie, jetzt hinauszugehen und draußen zu warten. Wir werden über die Verhandlung bera-

ten und rufen Sie dann wieder herein!»
Ich gehe hinaus. In der Aufregung vergesse ich, meine Parka mitzunehmen. Auf dem Flur ist es zu kalt ohne Parka. Also setze ich mich doch unter das Kalenderblatt mit den lachenden Soldaten vor dem Kanonenrohr.
Die Frau mit den netten Augen hinter der großen Brille dreht sich auf ihrem Schreibtischstuhl um und fragt:
«Na, wie ist es denn gelaufen?»
«Ich weiß nicht!», sage ich.
«Das ist ein gutes Zeichen», sagt sie und lächelt.
Vielleicht hat sie recht. Sie muß es ja eigentlich wissen. Aber der Schwarzhaarige mit der Reibeisenhaut ist ein Miesnickel ... und aus dem Vorsitzenden bin ich auch nicht so recht schlau geworden. Der hat zwar keine Stimme bei der Beratung und Beschlußfassung, hat er gesagt – aber er kann die Beisitzer ganz schön beeinflussen mit seiner juristischen Sachkenntnis und mit dem Gewicht seines Titels und überhaupt, wo er doch quasi der Boss in dem Verein ist. Genaugenommen müßte er als Bundeswehrangehöriger eigentlich rausgehen, während die sich beraten, denn er ist ja kein Unparteiischer.
Es ist gleich halb eins.
Meine Güte, hat das lange gedauert! Andrerseits kommt es mir vor, als wäre ich erst vor zehn Minuten reingegangen.
«Wie lange dauert denn so eine Beratung?» frage ich die Frau, die gerade mal nicht auf ihrer elektrischen Maschine klappert.
«Das ist sehr verschieden», sagt sie, «aber jetzt, vor dem Mittagessen, dauert's gewöhnlich nie sehr lange! Halb zwei ist ja schon die nächste Sitzung. Und wir müssen einigermaßen pünktlich anfangen, wenn wir nicht Überstunden machen wollen.»
Sie dreht sich wieder um und tippt weiter.
16 Minuten ...
Wenn man so gespannt auf was wartet, vergeht die Zeit überhaupt nicht ... Was soll ich nachher machen, wenn das «Urteil» gefällt ist?
In die Schule? Nee, heute nicht mehr. Wir haben Bio die zwei letzten Stunden. Vererbungslehre. Das geht mir sowieso auf den Wekker. Ich werde zur «Lebenshilfe» fahren und meiner Mutter und Herrn Wilke Bescheid sagen, wie es ausgegangen ist.

Und dann kann ich immer noch zur Schule fahren und draußen auf die anderen warten. Ines hat gesagt, ich soll ihr gleich sagen, was los ist. Und Steinke muß ich anrufen. Das hab ich ihm versprochen. Tolles Zeugnis, was er geschrieben hat. Und Conny muß ich auch Bescheid sagen.
Die Tür geht auf. Der Vorsitzende guckt heraus.
«Herr Bieber, bitte!» sagt er ... mehr nicht.
«Ja», sage ich, stehe auf und gehe hinein.
Die sitzen noch genauso da wie vorhin.
«Bitte, nehmen Sie Platz, Herr Bieber!» sagt der Vorsitzende und zeigt wieder auf den Stuhl. Er blättert in seinen Papieren.
«Nun mal los!» möchte ich rufen, «mach's nicht so spannend, Mann!» – Aber ich rufe nicht, obwohl ich jetzt ja ruhig rufen könnte. Das würde nichts mehr ändern ...
Ich guck mir die Gesichter an, ob ich daraus irgendwas erkennen kann. Der Glatzkopf mit der randlosen Brille sieht mich nicht an. Er schaut zum Fenster hinaus und tut so, als ob ihn das Ganze nichts anginge.
Der Dicke putzt sich umständlich mit einem unheimlich großen Taschentuch die Nase.
Der Schwarzhaarige schreibt was auf einen Zettel und blickt nicht auf.
Der Vorsitzende räuspert sich:
«Ich habe Ihnen den Beschluß des Prüfungsausschusses mitzuteilen», fängt er an. «Der Ausschuß hat nach eingehender Beratung und in Beachtung und Würdigung aller Umstände die folgende Entscheidung über Ihren Antrag auf Anerkennung als Kriegsdienstverweigerer getroffen: Der Wehrpflichtige ist *nicht* berechtigt, den Kriegsdienst mit der Waffe zu verweigern. Das Verfahren ist kostenfrei.»
Rums!
Er sieht mich an, kühl, uninteressiert, unbeteiligt – ich bin für ihn eine abgehakte Sache.
Ich halte noch immer die Luft an.
Der Vorsitzende redet weiter:
«Die Herren Beisitzer sind nach Abwägung aller Gründe, die Sie für Ihren Antrag angeführt haben und nach dem Eindruck, den sie hier von Ihnen im Gespräch gewonnen haben, mehrheitlich zu der

Überzeugung gekommen, daß es Ihnen nicht gelungen ist, Ihre Gewissensentscheidung deutlich zu machen und –»
Er redet.
Ich höre gar nicht mehr richtig hin. Was habe ich denn bloß falsch gemacht? Hätte ich eine Schau abziehen müssen? Mit tränenerstickter Stimme was von schlaflosen Nächten voller Gewissensqual erzählen sollen? Wie, zum Teufel, macht man jemandem klar, daß man und warum man etwas echt verabscheut?
«... ist vor allem aus der Art Ihrer Antworten, die einen angelesenen und -gelernten Eindruck machten – nicht klar und glaubhaft geworden, daß Sie sich auch innerlich mit dem Problem so befaßt haben, wie es nötig wäre, um von Gewissensnot zu sprechen ...»
Er redet.
«... können Sie gegen diesen Bescheid innerhalb von zwei Wochen, nachdem er Ihnen schriftlich zugestellt und begründet worden ist, Widerspruch erheben. Die formalen Einzelheiten gehen aus der Rechtsmittelbelehrung hervor, die Ihnen ebenfalls zugestellt werden wird. – Ja, das wär's dann, Herr Bieber!»
Ich warte, was noch passiert. Es passiert nichts.
Der Schwarzhaarige spielt mit einer unangezündeten Zigarette.
Ich stehe auf und gehe nach einem wortlosen Nicken hinaus. Beinahe hätte ich wieder meine Parka auf dem leeren Regal liegenlassen.
«Na, anerkannt?» fragt die Frau im Büro.
«Nein», sage ich. «Diesmal noch nicht!»
Meine Stimme ist kratzig. Ich bin müde, als hätte ich einen 10-Kilometer-Lauf hinter mir ...
Draußen hat es geregnet. Mein Mofasattel ist ganz naß. Gut, daß es keinen Frost gegeben hat in den letzten Tagen, sonst wäre die Straße jetzt die schönste Eisbahn ...

15

Dann kam mit der Post – mit Zustellungsurkunde oder wie das heißt – der schriftliche Bescheid und die Begründung der Ablehnung meines Antrags.

Prüfungsausschuß für
Kriegsdienstverweigerer beim
Kreiswehrersatzamt Neustadt

943 Neustadt, den 25.Febr.198o
Moltkestraße 39
Tel.: o9821-6748-4o7

Reg.Nr. PA 245 / 59 / 8o
Bei Zuschriften bitte angeben

B e s c h e i d
===============

Auf den Antrag vom 13.9.78

des Wehrpflichtigen Wolfgang Bieber
geboren am 26.1o.6o , wohnhaft Amselsteg 13, 943 Neustadt

auf Feststellung der Berechtigung, den Kriegsdienst mit der Waffe zu verweigern, hat der Prüfungsausschuß für Kriegsdienstverweigerer auf Grund der mündlichen Verhandlung

am 14.Febr. 198o in 943 Neustadt

unter Vorsitz von RR Wolfram Kugel

durch die Beisitzer Herrn Jochen Merz (Kreis Neustadt)
Herrn Leopold Haberland
Herrn Heinz Mühlberg

entschieden:

~~Der Wehrpflichtige ist berechtigt den Kriegsdienst mit der Waffe zu verweigern.~~
~~Das Verfahren ist kostenfrei.~~

Der Wehrpflichtige ist n i c h t berechtigt, den Kriegsdienst mit der Waffe zu verweigern.
Er hat Wehrdienst zu leisten.

Das Verfahren ist kostenfrei.

Eine Rechtsmittelbelehrung ist im Anhang beigefügt.

Der Vorsitzende
Kugel
(Kugel)

VIII / 10 / 1.78

Entscheidungsgründe

Der Wehrpflichtige wurde am 26.1o.196o in Neustadt als Sohn des Industriekaufmanns Karl Hermann Bieber und dessen Ehefrau Agnes Helga geb.Frohwaldt geboren.
Er wohnt bei seiner Mutter in Neustadt, Amselsteg 13, da die Ehe der Eltern im Jahre 1976 geschieden wurde. Er ist ev. luth. Bekenntnisses. Er hat keine Geschwister.

Von 1967 bis 1971 besuchte der Wehrpflichtige die Volksschule in Neustadt und ging sodann auf die höhere Schule über. Er wird aller Voraussicht nach im Sommer 198o am Gymnasium Neustadt seine Reifeprüfung ablegen. Sein Berufsziel ist noch nicht festgelegt. Er möchte im sozialen Bereich arbeiten.

Die besonderen Interessen des Wehrpflichtigen gehören der Musik und Literatur.

Der Wehrpflichtige wurde am 26.1o.78 gemustert und für wehrdienstfähig befunden. Er stellte am 13.9.78 den Antrag auf Anerkennung als Kriegsdienstverweigerer und begründete diesen Antrag schriftlich am 7.1.1979.

In der mündlichen Verhandlung vor dem Prüfungsausschuß für Kriegsdienstverweigerer am 14.2.198o hatte der Wehrpflichtige Gelegenheit, seinen Antrag auch mündlich zu begründen und auf Fragen der Ausschußmitglieder zu antworten.
Auf die Verhandlungsniederschrift und auf die darin aufgeführten, in der mündlichen Verhandlung verlesenen und zu ihrem Gegenstand gemachten Schriftstücke, sowie auf den sonstigen Akteninhalt wird Bezug genommen.

Der Antrag ist zulässig aber nicht begründet.

Die verständliche, jedem sittlich normal empfindenden Menschen eigene innere Ablehnung der Gewaltanwendung gegen Menschen trägt nicht ohne weiteres die Kriegsdienstverweigerung des Wehrpflichtigen.
Dieser Einstellung hätte vielmehr eine durch echte Auseinandersetzung mit dem moralischen und ethischen Problemen gewonnene und deshalb als unbedingt verpflichtend empfundene seelische Haltung zugrunde liegen müssen.

Der Prüfungsausschuß hat nicht feststellen oder auch nur spüren können, daß die von dem Wehrpflichtigen behauptete Gewissensentscheidung den Charakter eines unabweisbaren, dem Ernst eines die ganze Persönlichkeit ergreifenden sittlichen Gebotes trägt.
Das Spannungsverhältnis zwischen dem Grundrecht der Kriegsdienstverweigerung und der von den verfassungsmäßigen Organen der Bundesrepublik Deutschland geforderten Verteidigungsfähigkeit des Landes im Verein mit der Einführung der allgemeinen Wehrpflicht hat der Wehrpflichtige nicht richtig erkannt und deshalb auch noch nicht zutreffend würdigen können.

Ebenso wie er im Behinderten-Kindergarten der 'Lebenshilfe' in Neustadt seinen Ekel vor der Berührung mit kranken Kindern überwinden konnte, muß angenommen werden, daß er auch im Verteidigungsfalle seine vorgetragene innere Ablehnung der Gewaltanwendung gegen Menschen überwinden kann.

Nach diesen Erkenntnissen sah sich der Prüfungsausschuß nicht in der Lage, mit hinreichender Sicherheit anzunehmen, daß der Wehrpflichtige eine gewissensgebundene Entscheidung getroffen hat, gegen die zu verstoßen ihn in unüberwindliche Gewissensnot bringen und seine Persönlichkeit nachhaltig schädigen würde.
Damit entfällt die Voraussetzung für die Anerkennung als Kriegsdienstverweigerer und dem Antrag konnte nicht entsprochen werden.

Die Kostenentscheidung beruht auf den Bestimmungen der §§ 26 Absatz 6 und 19 Absatz 8 des Wehrpflichtgesetzes.

gez.Kugel

(Kugel)

Beglaubigt

(Dose)

Rechtsmittelbelehrung

Gegen diesen Bescheid kann binnen zwei Wochen nach Zustellung schriftlich oder zur Niederschrift beim

Prüfungsausschuß für Kriegsdienstverweigerer
beim Kreiswehrersatzamt Neustadt
943 Neustadt
Moltkestraße 39

Widerspruch erhoben werden.

Die Frist wird auch durch Einlegung des Widerspruchs bei der

Prüfungskammer für Kriegdienstverweigerer
bei der Wehrbereichsverwaltung lo4
Ardennenstraße 432,
9ooo Stadtburg

gewahrt.

Bei schriftlicher Rechtsmitteleinlegung ist die Frist zur Einlegung des Widerspruchs nur dann gewahrt, wenn der Widerspruch innerhalb dieser Frist bei der zuständigen Behörde eingeht.
Das Datum des Poststempels genügt zur Wahrung dieser Frist nicht.

Der Widerspruch soll begründet und in doppelter Ausführung eingereicht werden.

Der Vorsitzende
Engel

Die Begründung ist absolut hirnrissig.
Conny lacht, als er sie liest.
Herr Wilken sagt «hanebüchen!» – ein Wort, das ich noch nie gehört habe.
«Du mußt unbedingt Widerspruch dagegen einlegen!» sagt er.
«Das ist doch klar!» sage ich.
«O Gott, mein Junge», meint meine Mutter ängstlich, «was hast du dir da eingebrockt?!»
«Lassen Sie mal, Frau Bieber», beruhigt Herr Wilken, «das ist eine gute Übung in Demokratie! Außerdem bin ich fest überzeugt, daß Wolfgang es beim nächstenmal schafft!»
«Toi, toi, toi!» sage ich und klopfe an Holz.
Er lacht.
Meine Mutter lächelt.
Ich lächele auch – aber bei mir fällt das ziemlich schief aus . . .

«Wer spart, wenn er hat …

...der findet, wenn er sucht.»

Das ist einer der Spar-Sprüche von einst. (Dieser stand geschrieben im Erdgeschoß des Berliner Rathauses.)

Wer nun nicht spart, wenn er hat, kann der sich das Suchen sparen? Oder findet, wer Sparen nutzlos findet, trotzdem, was er sucht? Oder bleibt dem, der nicht spart, nichts erspart?

Mit dem Sparen ist es halt wie mit der Rheumakur: Es braucht seine Zeit, bis man die wohltuende Wirkung spürt.

Anhang

Auf den folgenden Seiten ist einiges zu finden, das für Antragsteller auf Anerkennung als Kriegsdienstverweigerer sehr wissenswert ist. Es lohnt sich, das genau zu lesen, wie es überhaupt außerordentlich wichtig ist, *gut vorbereitet* zur Verhandlung vor dem Prüfungsausschuß zu gehen.
Da ist es mit Wurschtigkeit und «Ach, das wird schon irgendwie laufen ...!» nicht getan.
Deshalb, als Vorbereitungshilfe, die folgenden Seiten.

Seite 94 bis 96: Auszüge aus dem Wehrpflichtgesetz (Fassung vom 14. 5. 1965, Bundesgesetzblatt I, Seite 390, geändert durch das Vierte Gesetz zur Änderung des Wehrpflichtgesetzes vom 23. Juli 1967, Bundesgesetzblatt I, Seite 797).
Seite 97 bis 100: Urteile des Bundesverwaltungsgerichtes. Es ist ratsam, sie sorgfältig zu studieren, weil sich daraus deutlich ergibt, wie man vor dem Prüfungsausschuß und vor allen anderen Instanzen seine Gewissensentscheidung begründen darf und kann – und nach welchen Bestimmungen und Grundsatzurteilen sich die Beisitzer bei ihren Fragen und bei ihrer Entscheidung zu richten haben.
Seiten 101 bis 117: Adressenliste der Beratungsstellen für Kriegsdienstverweigerer. Es ist sinnvoll, sich an diese zu wenden – vor allem, wenn man in die zweite oder dritte Instanz gehen muß und einen guten Rechtsanwalt braucht.
Seite 120/121: Literatur zum Themenbereich Kriegsdienstverweigerung.

Kriegsdienstverweigerung

Sollten Sie aus Gewissensgründen den Wehrdienst ablehnen, müssen Sie einen Antrag bei Ihrem Kreiswehrersatzamt stellen, als Kriegsdienstverweigerer anerkannt zu werden. Was das Gesetz über das Recht zur Kriegsdienstverweigerung sagt, finden Sie auf Seiten 14—16 (§§ 25, 26 Wehrpflichtgesetz). Die Entscheidung über Ihren Antrag trifft ein besonderer Prüfungsausschuß für Kriegsdienstverweigerer. Erkennt der Prüfungsausschuß Ihre Gewissensgründe an, so werden Sie nicht zum Wehrdienst, sondern zum zivilen Ersatzdienst herangezogen. Näheres bestimmt das Gesetz über den zivilen Ersatzdienst in der Fassung vom 16. Juli 1965.

Der Antrag auf Anerkennung als Kriegsdienstverweigerer entbindet Sie nicht von der Pflicht, sich zur Musterung vorzustellen, da die Tauglichkeit sowohl für den Wehrdienst als auch für den Ersatzdienst festgestellt wird.

Auszug aus dem Wehrpflichtgesetz

in der Fassung vom 14. 5. 1965

§ 3

Inhalt und Dauer der Wehrpflicht

(1) Die Wehrpflicht wird durch den Wehrdienst oder im Falle des § 25 durch den zivilen Ersatzdienst erfüllt. Sie umfaßt die Pflicht, sich zu melden, vorzustellen, nach Maßgabe dieses Gesetzes auf die geistige und körperliche Tauglichkeit untersuchen und auf die Eignung für bestimmte Verwendungen prüfen zu lassen sowie bei der Entlassung oder später zum Gebrauch im Wehrdienst bestimmte Bekleidungs- und Ausrüstungsstücke zu übernehmen und aufzubewahren.

§ 24

Wehrüberwachung

(Auszug)

(1) Die Wehrpflichtigen unterliegen von ihrer Musterung an der Wehrüberwachung. Diese endet mit Ablauf des Jahres, in dem die Wehrpflichtigen das sechzigste Lebensjahr vollenden, im Falle des § 51 des Soldatengesetzes mit Vollendung des fünfundsechzigsten Lebensjahres.

(3) Von der Wehrüberwachung sind diejenigen Wehrpflichtigen ausgenommen, die

1. für den Wehrdienst dauernd untauglich sind (§ 9),

2. vom Wehrdienst dauernd ausgeschlossen sind (§ 10),

3. vom Wehrdienst befreit sind (§ 11),

4. als Kriegsdienstverweigerer anerkannt sind.

(5) Wehrpflichtige, die für Dienstleistungen im zivilen Bevölkerungsschutz herangezogen, verpflichtet oder bereitgestellt worden sind (§ 13 a), unterliegen der Wehrüberwachung nicht, solange sie für den zivilen Bevölkerungsschutz zur Verfügung stehen.

§ 25

Wirkungen der Kriegsdienstverweigerung

Wer sich aus Gewissensgründen der Beteiligung an jeder Waffenanwendung zwischen den Staaten widersetzt und deshalb den Kriegsdienst mit der Waffe verweigert, hat statt des Wehrdienstes einen zivilen Ersatzdienst außerhalb der Bundeswehr zu leisten. Er kann auf seinen Antrag zum waffenlosen Dienst in der Bundeswehr herangezogen werden.

§ 26

Verfahren

(Auszug)

(1) Über die Berechtigung, den Kriegsdienst mit der Waffe zu verweigern, wird auf Antrag entschieden.

(2) Der Antrag ist schriftlich oder zur Niederschrift beim Kreiswehrersatzamt zu stellen. Er soll begründet werden. Der Antrag eines ungedienten Wehrpflichtigen soll vierzehn Tage vor der Musterung eingereicht werden. Er befreit nicht von der Pflicht, sich zur Erfassung zu melden und zur Musterung vorzustellen.

(3) Die Entscheidung treffen besondere Ausschüsse (Prüfungsausschüsse für Kriegsdienstverweigerer). Sie werden mit einem vom Bundesminister der Verteidigung bestimmten Vorsitzenden, einem Beisitzer, der von der Landesregierung oder der von ihr bestimmten Stelle be-

nannt wird, sowie zwei ehrenamtlichen Beisitzern besetzt. Der Vorsitzende hat im Ausschuß beratende Stimme; er muß zum Richteramt oder zum höheren Verwaltungsdienst befähigt sein und das zweiunddreißigste Lebensjahr vollendet haben. Die Beisitzer müssen das zweiunddreißigste Lebensjahr vollendet haben und sollen für ihre Aufgabe auf Grund ihrer Lebenserfahrung geeignet sein. Aus jeder kreisfreien Stadt und jedem Landkreis sind von den durch Rechtsverordnung der Landesregierung bestimmten Beschlußorganen mindestens zwei Beisitzer zu wählen. Die Reihenfolge ihrer Heranziehung wird von dem zuständigen Kreiswehrersatzamt durch das Los bestimmt.

(4) Die Ausschüsse haben bei ihrer Entscheidung die gesamte Persönlichkeit des Antragstellers und sein sittliches Verhalten zu berücksichtigen. Die Mitglieder der Ausschüsse sind an Weisungen nicht gebunden.

(5) Die Prüfungsausschüsse werden für den Bezirk eines oder mehrerer Kreiswehrersatzämter bei Kreiswehrersatzämtern gebildet.

(7) Einer Entscheidung über den Antrag bedarf es nicht, wenn und solange eine Einberufung aus anderen Gründen nicht in Betracht kommt.

(8) Zur unentgeltlichen Vertretung von Wehrpflichtigen vor den Prüfungsausschüssen und -kammern für Kriegsdienstverweigerer oder einem Verwaltungsgericht sind auch die von den Kirchen und Religionsgemeinschaften, soweit sie Körperschaften des öffentlichen Rechts sind, beauftragten Personen zugelassen.

BVerwG, Urteil vom 7. 11. 1973 – VI C 24.73 –:

Wenn die Gewissensentscheidung als eine ernste sittliche, für den Antragsteller verbindliche Entscheidung umschrieben ist, gegen die er nicht handeln kann, ohne in innere Not zu geraten, dann heißt das mit anderen Worten: Die Gewissensentscheidung ist eine an das Gewissen gebundene und durch das Gewissen bedingte Entscheidung. die Beteiligung an jedem Kriegsdienst mit der Waffe abzulehnen. So gesehen ist **die Entscheidung gegen den Kriegsdienst dann Gewissensentscheidung, wenn sie erfolgt auf Grund der Vorstellung, im Kriege Menschen mit der Waffe töten zu müssen, und der durch diese Vorstellung bedingten Gewissensbelastung, die dem Wehrpflichtigen bewußt macht, daß er solches nicht ohne schweren seelischen Schaden tun könnte;** also nicht, ohne daß ein Zwang zu solchem Handeln seine eigene sittliche Persönlichkeit zerbrechen oder schädigen würde. Es entscheidet sich also nicht das Gewissen, sondern der Wehrpflichtige trifft eine Entscheidung in seiner Bindung an das und durch das Gewissen.

BVerwG, Urteil vom 31. 10. 1968 – VIII C 28.67 –:

Die Verweigerung des Kriegsdienstes wird allein durch die Zielsetzung gerechtfertigt, daß das menschliche Leben unter keinen Umständen vernichtet werden dürfe.

BVerwG, Urteil vom 27. 1. 1972 – VIII C 128.69 –:

Der Waffengebrauch gegenüber einer Soldateska, die „in das Land einfiele, um zu plündern und Zivilpersonen zu töten“, (wird) in aller Regel nicht als Beteiligung an einer Waffenanwendung zwischen den Staaten angesehen werden können, sondern als Maßnahme einer Notwehr oder Nothilfe. **Durch das** individuelle **Bekenntnis** des Wehrpflichtigen jedoch, **in einer möglichen Notwehrlage zur** eigenen **Verteidigung** oder zur Nothilfe für Dritte **bereit zu sein, wird** die für die Kriegsdienstverweigerung geforderte grundsätzliche **Wertentscheidung gegen die Teilnahme an der Tötung von Menschen im Kriege nicht berührt.**

BVerwG, Urteil vom 11. 5. 1962 – VII C 143.60 –:

Nicht zu Lasten des Kriegsdienstverweigerers geht die Schwierigkeit, den seelischen Vorgang der Bildung einer Gewissensentscheidung aufzuklären und sprachlich darzustellen. Es muß, um dem Schutz-

zweck des Art. 4 Abs. 3 GG gerecht zu werden, genügen, daß der Kriegsdienstverweigerer seine Weigerungsgründe so offenbart, wie es ihm persönlich möglich ist. Ergibt sich daraus, daß diese Gründe nach ihrem objektiven Inhalt die Weigerung rechtfertigen können, so ist noch die subjektive Seite des Tatbestandes der Gewissensentscheidung aufzuklären. Dabei wird der Kriegsdienstverweigerer in der Regel zu vernehmen sein. Wie jede andere Beweiserhebung dient diese Vernehmung vor allem der Erforschung seiner Glaubwürdigkeit. Ob er glaubhaft und einer ehrlichen Überzeugung fähig und bereit ist, danach zu handeln, hat das Verwaltungsgericht **unter Berücksichtigung der Gesamtpersönlichkeit des Kriegsdienstverweigerers und seines bisherigen sittlichen Verhaltens** (§ 26 Abs. 4 Satz 1 WPflG) zu beurteilen.

BVerwG, Urteil vom 31. 10. 1968 – VIII C 20.67 –:

Bei der Klärung der Frage, ob der Kriegsdienstverweigerer eine echte Gewissensentscheidung gegen den Kriegsdienst mit der Waffe getroffen hat, besteht für die Tatsacheninstanz die Schwierigkeit, Vorgänge seelischer Art aufklären zu müssen. Dabei wird es sich in aller Regel als **notwendig erweisen, daß das Gericht sich ein Bild macht** von dem **Charakter** des Wehrpflichtigen, von seiner **Fähigkeit, sittlich motivierte Entscheidungen zu treffen,** sowie auch davon, ob und in welchem Maße er sich **mit den die Waffenanwendung betreffenden Problemen innerlich** bereits **so ernstlich befaßt** hat, **daß** eine **seelische Belastung** durch den Zwang zum Wehrdienst für ihn überhaupt **in Betracht kommt.** In welcher Weise das Gericht diese inneren Zustände und Vorgänge aufklärt, ist grundsätzlich seinem **Ermessen überlassen. So ist es insbesondere nicht fehlerhaft, wenn er mit dem Wehrpflichtigen bei dessen persönlicher Vernehmung verschiedene Konfliktsituationen erörtert, die in Wirklichkeit für ihn nicht bestehen und für ihn und andere gegenwärtig auch gar nicht akut sein können,** um aus der Art seiner Reaktion auf solche Fragen und seiner Auseinandersetzung mit den ihm vorgelegten Problemen **Schlüsse** zu **ziehen auf den Ernst und die Tiefe seiner Gewissensentscheidung.** Die hierbei gewonnenen tatsächlichen Erkenntnisse des Gerichts binden das Revisionsgericht, sofern sie sich im Rahmen der Denkgesetze halten und keinen allgemeinen Erfahrungssätzen widersprechen. Diesem letzten Erfordernis wäre allerdings dann nicht genügt, wenn das Verwaltungsgericht bei seiner Würdigung der Antworten des Kriegsdienstverweigerers dem Umstande nicht Rechnung tragen würde, daß **nach allgemeiner Erfahrung ein Mensch nur in seltenen Fällen imstande** ist, **sich in eine seelische Konfliktsituation, in der er sich in Wirklichkeit nicht befindet, so überzeugend hineinzuversetzen, daß er**

das Verhalten, das er in ihr voraussichtlich zeigen würde, mit einiger Sicherheit vorauszusagen vermag. Die Frage der „Richtigkeit" oder „Unrichtigkeit" solcher Antworten des Kriegsdienstverweigerers wird daher bei der Entscheidung darüber, ob er eine echte Gewissensentscheidung getroffen hat, in aller Regel außer Betracht bleiben müssen. Statt dessen **wird die aus seiner Antwort ersichtliche Art und Weise seiner inneren Auseinandersetzung mit gedachten Konfliktsituationen** für das Tatsachengericht oft **von entscheidender Bedeutung sein** auch **für die Beurteilung der Ernsthaftigkeit einer Beschäftigung des Kriegsdienstverweigerers mit dem Problem des Kriegsdienstes mit der Waffe.**

BVerwG, Urteil vom 2. 4. 1970 – VIII C 61.68 –:

Für die Frage, ob der Wehrpflichtige eine Gewissensentscheidung gegen den Kriegsdienst mit der Waffe getroffen hat, ist es ohne Bedeutung, ob seine Entscheidung sich auf logische Gedankengänge stützen oder aber mit Gründen der Logik widerlegen läßt und ob die Begründung, die er für sie gibt, innerlich widerspruchsfrei ist oder nicht.

BVerwG, Urteil vom 27. 1. 1972 – VIII C 115.69 –:

Es gehört zum Wesen der Gewissensentscheidung, die zur Anerkennung als Kriegsdienstverweigerer führt, daß sie von der **sittlichen Forderung** des Wehrpflichtigen **nach der vorbehaltlosen Achtung des menschlichen Lebens** bestimmt wird. Das aber hat zur Folge, daß ein Wehrpflichtiger, der die hierfür erforderliche seelische Einstellung hat, im Kriegsfalle nicht nur außerstande ist, ohne schwere innere Not einen Menschen durch Anwendung der Waffe zu töten, sondern in eine **gleichartige seelische Not auch dann** gerät, **wenn er es auf sich nehmen soll, durch bewußte Nichterfüllung einer ihm obliegenden militärischen Aufgabe, die dem Schutze des Lebens von Mitmenschen dienen soll, deren Tod herbeizuführen.** Denn auch ein Verhalten dieser letzten Art muß sich ihm nach den seiner Einstellung entsprechenden sittlichen Maßstäben als eine Tötung von Menschen darstellen. In dem **Beispielsfalle** mit dem **Bombenflugzeug,** in dem der Wehrpflichtige demnach nur die Wahl hat, entweder den feindlichen Piloten durch ein Handeln oder aber die seinem Schutz anheimgegebenen Zivilpersonen durch ein Unterlassen zu töten, würde er dabei in keinem Falle der schweren Gewissensbelastung ausweichen können. Es läßt sich daher aus dem Umstande, daß er sich für das Handeln entscheidet, nicht der rechtliche Schluß ziehen, er sei imstande, ohne unzumutbare Gewissensnot im Kriege Menschen zu töten. Denn der Gewissenszwang, der ihn davon abhält, den feindlichen Piloten zu schonen, ist von gleichartigem und nicht geringerem Gewicht als der, der ihn von dessen Vernichtung abhalten müßte. **Aus dem Umstande, daß ein Wehrpflichtiger im Kriegsfalle bereit wäre, zur Rettung von Zivilpersonen, deren Leben in seine Hand gegeben ist, dem Feinde gegenüber von der Waffe Gebrauch zu machen, läßt sich nicht ohne weiteres der Schluß auf das Fehlen einer Gewissensentscheidung gegen den Kriegsdienst mit der Waffe** im Sinne von Art. 4 Abs. 3 GG **ziehen.**

BVerwG, Urteil vom 10. 12. 1975 – VI C 2.75 –:

Welchen Grad die gedankliche Auseinandersetzung erreichen muß, um eine Gewissensentscheidung zu begründen, ist nicht generell bestimmbar, sondern **hängt von verschiedenen Umständen, insbesondere von dem Bildungsstand des einzelnen Wehrpflichtigen ab.** Jedenfalls kann nicht gefordert werden, daß die Gedankengänge im Einzelfall zu einem widerspruchsfreien, logisch überzeugenden Gesamtkonzept in der Beurteilung der Problematik der Gewalt sowie der Vorstellung, wie der Gewaltanwendung zu begegnen sei, geführt haben. Denn die schwere innere Not infolge des Zwangs zur Anwendung von Waffengewalt, vor der das Gesetz den Kriegsdienstverweigerer schützen will, hängt nicht davon ab, daß er seine Einstellung rational voll erfaßt hat und darstellen kann sowie daß er eine realistische Alternative zur bewaffneten Verteidigung sieht, sondern allein von seiner Einstellung zu dem durch die Waffenanwendung bedrohten menschlichen Leben.

Beratungsstellen für Kriegsdienstverweigerer

Die folgende Aufstellung enthält die Beratungsstellen für Kriegsdienstverweigerer in der BRD nach dem Stand vom 1. Dezember 1979. Falls an Ihrem Wohnort oder in näherer Umgebung keine Gruppe vorhanden ist, fragen Sie bitte bei der Bundesgeschäftsstelle an, welche Gruppe für Sie nächstmöglich erreichbar ist. Die Bundesgeschäftsstelle erteilt weiterhin Auskunft über Anschriftenänderungen von Beratungsstellen, über alle Fragen der Kriegsdienstverweigerung sowie über einschlägige Literatur.
Bundesgeschäftsstelle der Deutschen Friedensgesellschaft – Vereinigte Kriegsdienstgegner, Rellinghauser Str. 214, 4300 Essen 1, Tel. 0201/25990 und 25999.

AACHEN
Deutsche Friedensgesellschaft Vereinigte Kriegsdienstgegner, Nizzaallee 20, 5100 Aachen, Tel.: 0241/20636 N. Gilson, Beratung: donnerstags um 19.00 Uhr im Jugendheim St. Elisabeth, Jülicher Str. 68, 5100 Aachen

AALEN
Deutsche Friedensgesellschaft Vereinigte Kriegsdienstgegner, Gruppe Aalen, Friedhofstr. 58 (Nähe Stadthalle), 7080 Aalen, Beratung: dienstags und donnerstags nach 18.00 Uhr im DFG-VK Büro Friedhofstr. 58

AHLEN
Deutsche Friedensgesellschaft Vereinigte Kriegsdienstgegner, Gruppe Ahlen, c/o Thomas Leidag, Schützenstr. 8, 4730 Ahlen, Tel. 02382/68014, Beratung: mittwochs 19.30 Uhr im Jugendclubhaus Burbecksort

ALMDORF
Deutsche Friedensgesellschaft Vereinigte Kriegsdienstgegner, z. H. Margit Albers, Gruppe Husum, Alte Schule, 2257 Almdorf

ALLGÄU: siehe KEMPTEN

ALSFELD: siehe GREBENAU

ALTENA
Deutsche Friedensgesellschaft Vereinigte Kriegsdienstgegner, Gruppe Altena, c/o Andreas Jelitto, Wulferschlaa 23, 5990 Altena, Tel.: 02352/71775

ALTLUSSHEIM
Deutsche Friedensgesellschaft Vereinigte Kriegsdienstgegner, c/o Michael Vollendorff, Goethestr. 9, 6831 Altlußheim, Tel.: 06205/31939, Beratung: Dieter Hoffstäter, Kurpfalzstr. 3, 6831 Altlußheim, Tel. 06205/31973

ANSBACH: siehe COLMBERG

ARNSBERG
Deutsche Friedensgesellschaft Vereinigte Kriegsdienstgegner, Postfach 5112, 5760 Arnsberg 2, Tel. 02931/10801 (Saurenhaus), Beratung: jeden 1. und 3. Mittwoch im Monat um 19.30 evangel. Jugendheim, Jahnstr., 5760 Arnsberg 2

ASCHAFFENBURG
Deutsche Friedensgesellschaft Vereinigte Kriegsdienstgegner, c/o Susanne Bullacher, Mühlstr. 66, 8750 Aschaffenburg, Tel. 06026/315, Beratung: Freitag 20.00 Uhr, Eder Stuben, Lohrgraben, Aschaffenburg

ASCHEBERG
Deutsche Friedensgesellschaft Vereinigte Kriegsdienstgegner, Gruppe: Ascheberg, c/o Dietmar Romeiks, Bultenstr. 16, 4715 Ascheberg, Beratung: nach Vereinbarung

AUGSBURG
Deutsche Friedensgesellschaft Vereinigte Kriegsdienstgegner, c/o Werner Utzmeier, Branderstr. 32 b, 8900 Augsburg 31, Tel.: 0821/417178, Beratung: donnerstags, 17.00–19.00 Uhr im Gebäude der Gaststätte «Thing», Vorderer Leck 45

BAD DÜRKHEIM: siehe WACHENHEIM

BADEN-BADEN: siehe WEISENBACH

BAD HERSFELD
Deutsche Friedensgesellschaft Vereinigte Kriegsdienstgegner, Gruppe Bad Hersfeld, c/o Michael Ries, Dippelstr. 2, 6430 Bad Hersfeld, Tel.: 06621/71413, Beratung nach Vereinbarung

BAD OEYNHAUSEN
Deutsche Friedensgesellschaft Vereinigte Kriegsdienstgegner, Rolf Reinert, Westfalenweg 6, 4970 Bad Oeynhausen 1, Tel.: 05731/5973, Beratung: montags, von 19.00–20.00 Uhr im Haus der Jugend

BAD OLDESLOE: siehe BARGTEHEIDE

BAD REICHENHALL
Deutsche Friedensgesellschaft Vereinigte Kriegsdienstgegner, z. H. Harald Rappel, Karl-Weiß-Str. 20, 8230 Bad Reichenhall, Tel.: 08651/61589, Beratung: donnerstags, 19.30 Uhr, Haus der Jugend, Münchener Allee 14

BAD SALZUFLEN
Deutsche Friedensgesellschaft Vereinigte Kriegsdienstgegner, Gruppe Bad Salzuflen, c/o Irmgard Pehle, Maiweg 7, Tel. 05222/59082 (I. Pehle), 4902 Bad Salzuflen, Beratung: jeden Dienstag ab 19.00 Uhr im Jugendzentrum Lohfeld, Wasserfuhr

BAD VILBEL
Deutsche Friedensgesellschaft Vereinigte Kriegsdienstgegner e. V., c/o Horst Seißinger, 6368 Bad Vilbel, Breite Str. 14, Tel.: 06193/43942, Beratung: nach Vereinbarung

BAMBERG
Deutsche Friedensgesellschaft Vereinigte Kriegsdienstgegner, c/o Matthias Werner, Luitpoldstr. 32, 8600 Bamberg, Tel.: 0951/28987, Beratung: Freitag, 19.00 bis 21.00 Uhr, Teestube Amalienstr. 16, Bamberg

BARGTEHEIDE
Deutsche Friedensgesellschaft Vereinigte Kriegsdienstgegner, Gruppe: Bad Oldesloe, c/o Gabriele Epstein, Jersbecker Str. 49, 2072 Bargteheide

BAYREUTH
Deutsche Friedensgesellschaft Vereinigte Kriegsdienstgegner e. V., c/o Isolde Brückner, Zeppelinstr. 3, 8580 Bayreuth, Tel.: 0921/66710, Beratung nach Vereinbarung

BECKUM
Deutsche Friedensgesellschaft Vereinigte Kriegsdienstgegner, c/o Volker Borghoff, Beethovenweg 3, 4720 Beckum 2, Tel. 02525/7271, Beratung nach Vereinbarung

BERGISCH-GLADBACH
Deutsche Friedensgesellschaft Vereinigte Kriegsdienstgegner, Gruppe Bergisch-Gladbach, c/o Jochen Lellau, Eschenbroichstr. 27, 5060 Bergisch-Gladbach, Beratung: jeden Donnerstag von 19.00–20.00 Uhr im AWO-Heim, Bergisch-Gladbach

BERLIN
Deutsche Friedensgesellschaft Vereinigte Kriegsdienstgegner e.V., Gruppe Berlin, Togostr. 75, 1000 Berlin 65, Tel. 030/4525027 o. 4524027 (Büro), Beratung: Freitag, 19.30 Uhr in der Togostraße, Montag nach Vereinbarung, Tel. 4622204

BIELEFELD
Deutsche Friedensgesellschaft Vereinigte Kriegsdienstgegner, c/o Harald Welteke, Stapenhorststr. 38, 4800 Bielefeld, Tel. 0521/171612, Beratung: mittwochs um 20.00 Uhr Stapenhorststr. 37

BIETIGHEIM-BISSINGEN
Deutsche Friedensgesellschaft Vereinigte Kriegsdienstgegner, Gruppe Bietigheim, c/o Gottfried Kimmich, Bietigheimer Str. 30, 7120 Bietigheim-Bissingen, Tel.: 07142/44698, Beratung: Mittwoch, 20.00 Uhr, Jugendhaus, Talstr. 28

BLICKHAUSERHÖHE-STECKENSTEIN
Deutsche Friedensgesellschaft Vereinigte Kriegsdienstgegner, Gruppe Wissen, c/o Georg Heer, 5248 Blickhauserhöhe-Steckenstein, Tel.: 5489 (Weitz)

BOCHOLT
Deutsche Friedensgesellschaft Vereinigte Kriegsdienstgegner, c/o Theo Rotermund, Stiftstr. 35, 4290 Bocholt, Tel.: 02871/44906, Beratung: freitags, 19.00–20.00 Uhr, Ev. Jugendheim (Leopoldkeller), Schwartzstr., Bocholt

BOCHUM
Deutsche Friedensgesellschaft Vereinigte Kriegsdienstgegner, Gruppe Bochum, c/o Eckart

Bunsmann, Brenscheider Str. 24, 4630 Bochum, Tel.: 0234/772635, Beratung: jeden 1. und 3. Mittwoch im Monat von 18.30–21.00 Uhr im Informationszentrum Bochum im Rathaus

BONN
Deutsche Friedensgesellschaft Vereinigte Kriegsdienstgegner, Beringstr. 11, 5300 Bonn, Tel.: 238715 Engels, Beratung: Einzelberatung: Montag, 18.00 bis 20.00 Uhr Kath. Jugendamt, Kaiserstr. 52

BRAUNSCHWEIG
Deutsche Friedensgesellschaft Vereinigte Kriegsdienstgegner e. V., Gruppe Braunschweig, Postfach 1902, 3300 Braunschweig, Beratung: Montag, 19.30 Uhr – 20.00 Uhr, FBZ Bürgerpark, Raum 4, Am Stadtbad 2, Dienstag, 18.30 Uhr Freizeit- und Bürgerzentrum, Nimesstr. 2

BRECKERFELD-ZURSTRASSE
Deutsche Friedensgesellschaft Vereinigte Kriegsdienstgegner, Gruppe Iserlohn, c/o Thomas Warnecke, Von-Bodelschwingh-Str. 7, 5805 Breckerfeld-Zurstraße, Tel.: 02304/72013 Goldstein, Beratung: Montag, 20.00 Uhr, Jugendheim, Stennerstraße, Raum 4, Iserlohn

BREMEN
Deutsche Friedensgesellschaft Vereinigte Kriegsdienstgegner, c/o Heinz Becker, Am Wall 164, 2800 Bremen 1, Tel. 0421/323530, Beratung: montags bis freitags 16.00 bis 18.00 Uhr, Am Wall 164, mittwochs 19.00 Uhr, Stephanikirchhof 8, Gemeindehaus

BREMERHAVEN
Deutsche Friedensgesellschaft Vereinigte Kriegsdienstgegner, c/o Wilfried Paegel, Am Steinakker 22, 2850 Bremerhaven

BRUCHSAL
Deutsche Friedensgesellschaft Vereinigte Kriegsdienstgegner, Gruppe Bruchsal, c/o Ralf Heuser, Näherweg 25, 7520 Bruchsal, Tel. 07251/12448, Beratung: 1. und 3. Freitag im Monat, 18.00 Uhr im Bayrischen Hof, Werner v. Siemens-Str. 7, Bruchsal

BÜDINGEN
Deutsche Friedensgesellschaft Vereinigte Kriegsdienstgegner, c/o Klaus Dieter Mickler, An der Dornhecke 10, 6470 Büdingen, Tel.: 06049/842, Beratung: donnerstags, 20.30 Uhr in der Gaststätte «Zum Anker»

COLMBERG
Deutsche Friedensgesellschaft Vereinigte Kriegsdienstgegner e. V., Gruppe Ansbach, c/o Georg Chorbacher, Am Markt 11, 8802 Colmberg, Tel.: 09803/263, Beratung: nach Vereinbarung

DARMSTADT
Deutsche Friedensgesellschaft Vereinigte Kriegsdienstgegner, c/o Volker Thielmann, Alfred-Messel-Weg 10 c, 6100 Darmstadt, Tel.: 06151/716054, Beratung: dienstags, 19.00 Uhr im Jugendzentrum «Öttinger Villa», Kranichsteiner Str. 52

DELMENHORST
Deutsche Friedensgesellschaft Vereinigte Kriegsdienstgegner, Gruppe: Delmenhorst, c/o Peter Beran, Ziethenweg 9 b, 2870 Delmenhorst, Tel.: 04221/64590, Beratung: nach Vereinbarung, Montag 20.00 Uhr Centrum, Orthstraße, 2870 Delmenhorst

DINSLAKEN
Deutsche Friedensgesellschaft Vereinigte Kriegsdienstgegner, Gruppe: Duisburg, c/o Peter Schmitz, Lingelmannstr. 358, 4220 Dinslaken, Beratung: donnerstags 19.00–21.00 Uhr, Martin-Luther-Heim Duisburg, Martinstr. 35

DORMAGEN
Deutsche Friedensgesellschaft Vereinigte Kriegsdienstgegner c/o Rainer Präetorius, Jussenhovener Str. 10, 4047 Dormagen 1, Tel.: 0221/784978 (Hüsch), Beratung: donnerstags, 19.00–21.00 Uhr Städtisches Jugendheim, Heesenstr.

DORTMUND
Deutsche Friedensgesellschaft Vereinigte Kriegsdienstgegner, Postfach 279, 4600 Dortmund, Tel.: 0231/251323 (Schlopsa), Beratung: mittwochs 18.00–20.00 Uhr (Fritz Heßler-Haus), Haus der Jugend, Raum 20, Geschwister-Scholl-Str. 33–37

DÜSSELDORF
Deutsche Friedensgesellschaft Vereinigte Kriegsdienstgegner, Kirchfeldstr. 149, 4000 Düsseldorf, Tel.: 0211/225939, Beratung: dienstags 19.30–22.00 Uhr, Lacombletstr. 10, Raum 9 (Jugendhaus)

DUISBURG: siehe DINSLAKEN

EMDEN
Deutsche Friedensgesellschaft Vereinigte Kriegsdienstgegner e.V., c/o Gisela Meichsner, Friesenstr. 21, 2970 Emden, Beratung: Donnerstag 19.00 Uhr (s. o.)

EMPFINGEN
Deutsche Friedensgesellschaft Vereinigte Kriegsdienstgegner, Gruppe Horb, c/o Manfred Klein-Wiele, Im Zeil 14, 7246 Empfingen 2, Wiesenstetten, Tel.: 07483/264, Beratung: Samstag 11.00 Uhr – 15.30 Uhr, Büro Marksteige 7

EMSDETTEN
Deutsche Friedensgesellschaft Vereinigte Kriegsdienstgegner, c/o Klaus Göckener, Vennweg 87, 4407 Emsdetten, Tel.: 02572/6876, Beratung: mittwochs und freitags, 19.00–21.00 Uhr, Gaststätte Kock, Rheiner Str.

ENINGEN
Deutsche Friedensgesellschaft, Vereinigte Kriegsdienstgegner, Gruppe Reutlingen-Pfullingen, c/o Exi Boßler und Werner Schulz, Albstr. 46/1, 7412 Eningen, Beratung: jeden Mittwoch von 18.00–20.00 Uhr im Haus der Jugend, s. u.

ERKELENZ
Deutsche Friedensgesellschaft Vereinigte Kriegsdienstgegner, Gruppe: Erkelenz, c/o Bernd Kehren, Markt 4, 5140 Erkelenz, Tel.: 02431/4724 (Ev. Jugendheim), Beratung: freitags, 19.00 Uhr Evangelisches Jugendheim, Theodor-Körner-Str. 1–3

ERLANGEN
Deutsche Friedensgesellschaft Vereinigte Kriegsdienstgegner e. V., Westliche Stadtmauer 19, 8520 Erlangen, Beratung: Donnerstag 18.00 bis 19.30 Uhr, Westl. Stadtmauer 19

ESSEN

Deutsche Friedensgesellschaft Vereinigte Kriegsdienstgegner e. V., c/o Club Courage, Bismarckstr. 9, 4300 Essen 1, Beratung: Dienstag, 18.00 bis 20.00 Uhr

EXTERTAL

Deutsche Friedensgesellschaft Vereinigte Kriegsdienstgegner, Gruppe: Boesingfeld, z. Hd. Gerd Rethmeier, Sternberger Str. 29, 4923 Extertal 1, Beratung: Samstag, 15.00 bis 17.00 Uhr, AJZ, Bösingfeld, Alte Schule, Linderbruch

FLENSBURG

Deutsche Friedensgesellschaft Vereinigte Kriegsdienstgegner, c/o Reinhard Winkler, Moltkestr. 26, 2390 Flensburg, Tel.: 0461/56643, Beratung: nach Vereinbarung unter Tel. 0461/56643

FRANKFURT

Deutsche Friedensgesellschaft Vereinigte Kriegsdienstgegner e. V., Hochstraße 56, 6000 Frankfurt 1, Tel.: 0611/294488, Beratung: montags bis freitags 17.00–19.00 Uhr, mittwochs ab 18.00 Uhr Gruppenberatung, samstags von 14.00 bis 16.00 Uhr nur für ZDLer und Soldaten in der Hochstraße 56

FREIBURG

Deutsche Friedensgesellschaft Vereinigte Kriegsdienstgegner, Wilhelmstr. 8 (Hinterhaus), 7800 Freiburg, Tel.: 0761/443016 (Willhart Knepel), Beratung: Montag, 19.00 bis 20.00 Uhr in der Wilhelmstr. 8 im Hinterhaus

FREISING siehe STEINBURG

FRIEDBERG

Deutsche Friedensgesellschaft Vereinigte Kriegsdienstgegner, c/o Hans Moder, Klausengasse 18, 6360 Friedberg, Tel.: 06031/13814, Beratung: Donnerstag, 19.30 bis 20.30 Uhr im Jugendzentrum Bismarckstraße 24 in Friedberg

FULDA

Deutsche Friedensgesellschaft Vereinigte Kriegsdienstgegner, Gruppe Fulda, c/o Manfred Höhne, Dalbergstr. 6, 6400 Fulda, Tel.: 0661/66826 Neuhaus, Beratung: Freitag, 18.00 bis 20.00 Uhr

GARBENHEIM

Deutsche Friedensgesellschaft Vereinigte Kriegsdienstgegner, z. H. Michael Wolter, Am Pfeiffer 35, 6331 Garbenheim, Beratung: Mittwoch, 19.00–21.00 Uhr, Haus der Jugend, Hausergasse, Wetzlar

GARCHING

Deutsche Friedensgesellschaft Vereinigte Kriegsdienstgegner, Gruppe Burghausen, c/o Fred Schmid, Jannischplatz 2b, 8261 Garching/Alz, nach Vereinbarung

GELDERN

Deutsche Friedensgesellschaft Vereinigte Kriegsdienstgegner, c/o Jürgen Schmidt, Karl-Arnold-Str. 3, 4170 Geldern 1, Tel.: 02831/3534, Beratung: mittwochs 19.30 Uhr, Geldern, K-A-S 3

GELSENKIRCHEN
Deutsche Friedensgesellschaft Vereinigte Kriegsdienstgegner, Gruppe Gelsenkirchen, c/o Heinz D. Diste, Ückendorfer Str. 195, 4650 Gelsenkirchen

GEVELSBERG
Deutsche Friedensgesellschaft Vereinigte Kriegsdienstgegner, Gruppe Ruhr-Süd, c/o Horst Albert Jung, Schnellmarktstr. 14, 5820 Gevelsberg, Beratung: Dienstag, 18.00 bis 20.00 Uhr, Falkenheim, Körnerstr. 70, Am Feuerwehrhaus, 5820 Gevelsberg

GIEBELSTADT
Deutsche Friedensgesellschaft Vereinigte Kriegsdienstgegner e. V., Gruppe Würzburg, c/o Thomas Kionka, Flugplatzstr. 104, 8701 Giebelstadt, Tel.: 09334/538, Beratung: nach Vereinbarung

GLADBECK
Deutsche Friedensgesellschaft Vereinigte Kriegsdienstgegner, Gruppe Gladbeck, c/o Norbert Gerbig, Stargarder Str. 24, 4390 Gladbeck, Tel.: 02043/38420, Beratung: freitags 19.00 bis 20.30 Uhr, Dietrich Bonhoeffer-Haus, Postallee 12

GÖTTINGEN
Deutsche Friedensgesellschaft Vereinigte Kriegsdienstgegner, Gruppe Göttingen, Postfach 157, 3400 Göttingen, Tel.: 791955 Volker Behrens, Beratung: Montag, 18.00–20.00 Uhr im KSG, Kurzestr., Donnerstag, 18.00–20.00 Uhr im ESG, Von-Bar-Str. 2–4

GOSLAR
Deutsche Friedensgesellschaft Vereinigte Kriegsdienstgegner, Postfach 1306, 3380 Goslar 1, oder: Lothar Flachsbart, Am Mühlenbergholz 16, 3387 Vienenburg 1, Tel.: 05325/2121 Flachsbart, Beratung: Donnerstag 20.00 Uhr, Jugendzentrum Goslar, Heinr.-Pieper-Str. 1 b, 3380 Goslar 1

GREBENAU
Deutsche Friedensgesellschaft Vereinigte Kriegsdienstgegner, Gruppe Alsfeld, c/o Dietmar Bratge, Wiesenweg 18, 6325 Grebenau-Udenhausen, Tel.: 06646/8148, Beratung nach Vereinbarung

GROSSBETTLINGEN
Deutsche Friedensgesellschaft Vereinigte Kriegsdienstgegner, Gruppe Nürtingen, c/o Martin Koch, Weiherstr. 13, 7441 Großbettlingen, Tel.: 07022/46211, Beratung: Mittwoch um 19.30 Uhr in der Kirchstr. 21 in Nürtingen

GÜTERSLOH: siehe RHEDA-WIEDENBRÜCK

HAGEN
Deutsche Friedensgesellschaft Vereinigte Kriegsdienstgegner, Röntgenstr. 9, Eingang Behringstr., 5800 Hagen 1, Tel.: 02331/87653, Beratung: Dienstag und Freitag, 18.30–20.00 Uhr

HAMBURG
Deutsche Friedensgesellschaft Vereinigte Kriegsdienstgegner e. V., Innocentiastr. 21, 2000 Hamburg 13, Tel.: 040/449867, Beratung: Dienstag, 18.00–20.00 Uhr in der Innocentiastr. 21, zeitweise auch Mittwoch und Donnerstag

HAMELN: siehe HESSISCH OLDENDORF

HAMM
Deutsche Friedensgesellschaft Vereinigte Kriegsdienstgegner, Regina Hülsmann, Erich-Kästner-Str. 5, 4700 Hamm, Tel.: 02381/25002 Nieder/Kranz, Beratung: mittwochs, 19.00 bis 19.30 Uhr Jugendclubhaus des DGB, Nordenwall, Hamm, und nach telef. Vereinbarung

HANAU
Deutsche Friedensgesellschaft Vereinigte Kriegsdienstgegner, c/o Bodo von Kutzleben, Hasenpfad 1, 6450 Hanau, Tel.: 06161/14905, Beratung: Mittwoch, 19.00–21.00 Uhr, Bodo von Kutzleben

HANNOVER
Deutsche Friedensgesellschaft Vereinigte Kriegsdienstgegner, c/o Klaus Falk, Ferdinand-Wallbracht-Str. 9/11, 3000 Hannover 1, Tel.: 0511/628922 und 457645, Beratung: Haus der Jugend, Maschstr. 22/24, Raum 31, jeden Donnerstag ab 19.00 Uhr

HATTINGEN
Deutsche Friedensgesellschaft Vereinigte Kriegsdienstgegner, c/o Gert Manefeld, Bahnhofstr. 54, 4320 Hattingen, Tel.: 02324/27588, Beratung: jeden Mittwoch 19.00 bis 20.00 Uhr Haus der Jugend, II. Stock, 1. Gruppenraum, Bahnhofstr. 31 b, Tel. 24998 und nach Vereinbarung

HEIDELBERG
Deutsche Friedensgesellschaft Vereinigte Kriegsdienstgegner, Konradgasse 11, 6900 Heidelberg, Tel.: 06221/781981, Beratung: Donnerstag, 19.30 Uhr im evang. Jugendwerk, Plöck 66

HEIDENHEIM
Deutsche Friedensgesellschaft Vereinigte Kriegsdienstgegner, c/o Club Solidarität, Brühlstr. 8, 7920 Heidenheim, Beratung: KDV-Beratungsstelle Giengen/Brenz, Postfach 1261, Tel.: 07322/5188 (8–9 Uhr früh)

HERFORD
Deutsche Friedensgesellschaft Vereinigte Kriegsdienstgegner, c/o Heidi Schütz, Wellbrocker Weg 103, 4900 Herford, Tel.: 05221/4833, Beratung: Mittwoch, 19.00 bis 21.30 Uhr Jugendzentrum, Auf der Freiheit 7

HERNE
Deutsche Friedensgesellschaft Vereinigte Kriegsdienstgegner, Gruppe Herne/Wann, c/o Martin Ciesielski, Schleusenweg 40, 4690 Herne 1, Tel.: 02323/82124, Beratung: Mittwoch 19.00 Uhr im Jugendheim, Dorstener Str. 262

HESSISCH OLDENDORF
Deutsche Friedensgesellschaft Vereinigte Kriegsdienstgegner e. V., Gruppe Hameln, Kontaktadresse: Werner Lesemann, Südstr. 11, 3253 Hessisch Oldendorf 1, Beratung: mittwochs, 20.00 Uhr im Haus der Evangelischen Jugend Hameln, Große Hofstr. 15

HILLE
Deutsche Friedensgesellschaft Vereinigte Kriegsdienstgegner e. V., c/o Klaus Bekemeier, Bökerstr. 11, 4955 Hille 7

HOF
Deutsche Friedensgesellschaft Vereinigte Kriegsdienstgegner, Gruppe Hof, c/o Christoph Schlegel, Zeppelinstr. 11, 8670 Hof/Saal, Beratung nach Vereinbarung

HORB: siehe EMPFINGEN

HUSUM: siehe ALMDORF

ISERLOHN: siehe BRECKERFELD-ZURSTRASSE

JÜLICH
Deutsche Friedensgesellschaft Vereinigte Kriegsdienstgegner, c/o Alexander Lesten, Mariengartenstr. 16, 5170 Jülich, Beratung: Dienstag, 19.30 Studentenzentrum, Kapuzinerstr.

KARLSRUHE
Deutsche Friedensgesellschaft Vereinigte Kriegsdienstgegner e. V., Postfach 2046, oder: Hans Haller, Lenzstr. 9, 7500 Karlsruhe 1, Tel.: 0721/81 68 60, Beratung: Freitag, 18.00 Uhr, Dietrich-Bonhoeffer-Haus, Gartenstr. 29 a

KASSEL
Deutsche Friedensgesellschaft Vereinigte Kriegsdienstgegner, Kunoldstr. 34, Postfach 410331, 3500 Kassel-Wilhelmshöhe, Beratung: Donnerstag, 19.00 Uhr in der Kunoldstr. 34 und nach Vereinbarung

KEMPTEN
Deutsche Friedensgesellschaft Vereinigte Kriegsdienstgegner, Gruppe Allgäu, Buchladen, Hirnbeinstr. 3, 8960 Kempten, Beratung nach Vereinbarung

KIEL
Deutsche Friedensgesellschaft Vereinigte Kriegsdienstgegner, c/o Ralph Müller, Hasser Str. 108, 2300 Kiel, Tel.: 0431/68 22 40, Beratung: jeden Mittwoch, ab 20.00 Uhr im Gemeindehaus Ansgar West, Waitzstr. 58 a, 2300 Kiel

KIRCHHEIM
Deutsche Friedensgesellschaft Vereinigte Kriegsdienstgegner e. V., c/o Gerhard Maak, Quellenweg 7, 7312 Kirchheim, Tel.: 07071/45204, Beratung: jeden 1. und 3. Dienstag im Monat, 19.00 Uhr im Jugendhaus

KLEVE-KELLEN
Deutsche Friedensgesellschaft Vereinigte Kriegsdienstgegner, Emmericher Str. 270 a, 4190 Kleve-Kellen, Tel.: 02826/1368 (van Appeldorn), Beratung: Mittwoch und Freitag, 19.30 Uhr in der Emmericher Str. 270 a

KÖLN
Deutsche Friedensgesellschaft Vereinigte Kriegsdienstgegner, Cleverstr. 9, 5000 Köln 1, Tel.: 0221/52 26 57 und 875674, Beratung: dienstags 20.00 Uhr, samstags 10.00 Uhr

KÖLN
Deutsche Friedensgesellschaft Vereinigte Kriegsdienstgegner, Gruppe Erftkreis-Süd, c/o Ekkehard Jülich, Kölnberg 1–101, 5000 Köln 50, Tel.: 02232/1 35 40, Beratung nach Vereinbarung

KÖLN
Deutsche Friedensgesellschaft Vereinigte Kriegsdienstgegner, Gruppe Porz, Westfeldgasse 7, 5000 Köln-Porz-Zündorf, Tel.: 0221/68 52 47 (Lüdigk), Beratung: dienstags 19.00–20.00 Uhr DFG-VK-Büro

KONSTANZ
Deutsche Friedensgesellschaft Vereinigte Kriegsdienstgegner, Gruppe Konstanz, c/o Wolfgang Seybolt, Moosbruggerstr. 9, 7750 Konstanz, Tel.: 07531/25442 (Ulrich Koch), Beratung: donnerstags 19.00–20.00 Uhr. JZ Schlupfwinkel, Peterhauser Str.

KREFELD
Deutsche Friedensgesellschaft Vereinigte Kriegsdienstgegner e. V., c/o Michael Dörkes, Ostwall 125, 4150 Krefeld, Tel.: 02151/24222, Beratung: Gaststätte Mykonos, Breite Str., Montag 19.00 Uhr

LAHN-DILL: siehe SCHÖFFENGRUND

LAHN-GIESSEN
Deutsche Friedensgesellschaft Vereinigte Kriegsdienstgegner, c/o Achim Heister, Wilhelmstr. 3, 6300 Lahn-Gießen, Beratung: Mittwoch, 18.00 bis 20.00 Uhr Gießen, Jugendzentrum Kanzleiberg 9/III

LAMPERTHEIM
Deutsche Friedensgesellschaft Vereinigte Kriegsdienstgegner e. V., c/o Michael Lueb, Wormser Str. 122, 6840 Lampertheim, Tel.: 06206/51957, Beratung: Dienstag, 19.00 Uhr Jugendzentrum, Römerstr. 61, vorzugsweise Termin nach persönlicher Vereinbarung

LANDAU
Deutsche Friedensgesellschaft Vereinigte Kriegsdienstgegner e. V., c/o Andreas Preiss, Boelkestr. 6, 6740 Landau/Pfalz

LANDAU
Deutsche Friedensgesellschaft Vereinigte Kriegsdienstgegner, c/o Ulli Jung, Hauptstr. 237 A, 6740 Landau 18, Beratung nach Vereinbarung

LAUTERBACH
Deutsche Friedensgesellschaft Vereinigte Kriegsdienstgegner, c/o Harry Bernadis, Löbersgasse 1, 6420 Lauterbach, Beratung nach Vereinbarung

LEBACH
Deutsche Friedensgesellschaft Vereinigte Kriegsdienstgegner, c/o Thomas Hohnerlein, Drosselweg 1, 6610 Lebach, Tel.: 06888/385

LEER: siehe WEST OVERLEDINGEN

LENNESTADT
Deutsche Friedensgesellschaft Vereinigte Kriegsdienstgegner, c/o Bernd Koch, Bachstr. 9 a, 5940 Lennestadt 17, Tel.: 02721/8778

LEVERKUSEN
Deutsche Friedensgesellschaft Vereinigte Kriegsdienstgegner, c/o Wolfgang Langer, Im Burgfeld 7, 5090 Leverkusen 1, Tel.: 02172/48431, Beratung: donnerstags, 19.30 Uhr Evangel. Gemeindehaus, Humboldtstr. 65, 5090 Leverkusen-Opladen

LUDWIGSBURG: siehe TAMM

LÜDENSCHEID
Deutsche Friedensgesellschaft Vereinigte Kriegsdienstgegner, Gruppe Lüdenscheid, c/o Bernd Kötter, Brüderstr. 34, 5880 Lüdenscheid, Tel.: 02351/80237, Beratung: Montag, 19.30 Uhr Haus der Jugend, Raum 14, Lüdenscheid

LÜNEN
Deutsche Friedensgesellschaft Vereinigte Kriegsdienstgegner, Gruppe Lünen, c/o Detlef Pietsch, Fliederweg 8, 4670 Lünen, Beratung: mittwochs, 18.30 Uhr im Haus der Jugend, Büro, Kurt-Schumacher-Str.

MAINZ
Deutsche Friedensgesellschaft Vereinigte Kriegsdienstgegner, c/o Ulrike Julius, Jacob-Goedekker-Str. 40, 6500 Mainz 1, Tel.: 06131/44925, Beratung: Montag, 19.30 Uhr ESG, Am Gonsheimer Spieß 1

MANNHEIM
Deutsche Friedensgesellschaft Vereinigte Kriegsdienstgegner, Gruppe Mannheim, c/o Klaus Pfisterer, Dürerstr. 8, 6800 Mannheim 25, Tel.: 0621/444718, Beratung: Freitag, 18.00 Uhr ESG Mannheim, M 1, 8–9 (Nähe Schloß), in Ludwigshafen finden keine Beratungen statt

MARBURG
Deutsche Friedensgesellschaft Vereinigte Kriegsdienstgegner, c/o Hermann Dericks, Im Loh 2, 3550 Marburg, Tel.: 06421/83484, Beratung: Donnerstag, 20.00–22.00 Uhr KHG-Roncalli-Haus

MEINERZHAGEN
Deutsche Friedensgesellschaft Vereinigte Kriegsdienstgegner, Gruppe Meinerzhagen, c/o Olaf Achilles, Auf der Freiheit 1–3, 5882 Meinerzhagen, Tel.: Hartmut Brenner, Königsberger Str. 41, 5883 Kierspe, 02359/6243, Beratung nach Vereinbarung

MERCHWEILER
Deutsche Friedensgesellschaft Vereinigte Kriegsdienstgegner, c/o Inge Hoffmann, Kornstr. 36, 6689 Merchweiler 2, Beratung: Mittwoch 19.00 Uhr, Gaststätte Thiery, Hauptstr.

MITTELBADEN: siehe OFFENBURG

MÖNCHENGLADBACH
Deutsche Friedensgesellschaft Vereinigte Kriegsdienstgegner, Gruppe Grenzland – (Mönchengladbach), c/o Martin Mausen, Kranzstr. 17, 4050 Mönchengladbach, Beratung: donnerstags, 19.00 bis 22.00 Uhr, Aachener Str. 27, Forum (ehem. Kolpinghaus)

MONHEIM
Deutsche Friedensgesellschaft Vereinigte Kriegsdienstgegner e. V., Gruppe Langenfeld/Monheim, c/o Frank-Thomas Hartleb, Brombeerhecke 31, 4019 Monheim, Beratung: 1. und 3. Mittwoch im Monat: Kath. Gemeindehaus, St. Ursula, Sperberstraße in Monheim, 2. und 4. Mittwoch im Monat: Kath. Jugendheim, St. Josef, Josefstraße in Langenfeld

MÜNCHEN
Deutsche Friedensgesellschaft Vereinigte Kriegsdienstgegner, Martin-Greif-Str. 3, 8000 München 2, Tel.: 089/537260, Beratung: Dienstag und Freitag von 18.00 bis 20.00 Uhr in der Martin-Greif-Str. 3

MÜNSTER
Deutsche Friedensgesellschaft Vereinigte Kriegsdienstgegner, Breul 43/ESG, 4400 Münster, Tel.: 0251/26702 Reinhard Borchert, Beratung: Montag von 17.00 bis 20.00 Uhr, Mittwoch von 19.00–21.00 Uhr, Samstag von 11.00–13.00 Uhr, Breul 43 ESG

NEUKIRCHEN
Deutsche Friedensgesellschaft Vereinigte Kriegsdienstgegner e. V. Gruppe Amberg/Sulzbach Rosenberg, c/o Rainer Stamminger, Neidsteiner Str. 6, 8459 Neukirchen, Tel.: 09663/658, Beratung: Freitag ab 20.00 Uhr im Jugendclub Courage, Bergstr. 1, Sulzbach-Rosenberg

NEUSS
Deutsche Friedensgesellschaft Vereinigte Kriegsdienstgegner, Gruppe Neuss, c/o Peter Horvath, Venloer Str. 115, 4040 Neuss, Tel.: 02101/602651, Beratung: Montag, 19.00 Uhr OKIE DOKIE (Kneipe), Düsseldorfer Str. 218, 4040 Neuss

NEUSTADT/RBGEB.
Deutsche Friedensgesellschaft Vereinigte Kriegsdienstgegner, Gruppe Steinhuder Meer, c/o Horst Dietmar, Am Leineufer 7, 3057 Neustadt/Rbgeb., Beratung: Bereich Rehburg-Loccum, jeden 2. Montag im Monat in der Jugendkneipe «zur Locc», jeden 4. Dienstag im Monat im UJZ Wölpinghausen, Schmalenbrucher Str. 17

NEUSTADT/WSTR.
Deutsche Friedensgesellschaft Vereinigte Kriegsdienstgegner, Gerichtsstr. 2, 6730 Neustadt/Wstr., Tel.: 06321/3684 Detlef Donner, Beratung: donnerstags um 20.00 Uhr im Büro Gerichtsstr. 2

NIEDERKASSEL
Deutsche Friedensgesellschaft Vereinigte Kriegsdienstgegner, z. Hd. Wolfgang Salz, Johannesstr. 7, 5216 Niederkassel, Tel.: 02221/467686, Beratung: Dienstag, 19.30 Uhr, Burgstr. 1, 5210 Troisdorf-Spich

NÜRNBERG
Deutsche Friedensgesellschaft Vereinigte Kriegsdienstgegner, Carl von Ossietzky Zentrum, Kurfürstenstr. 21, 8500 Nürnberg, Tel.: 0911/426129, Beratung: Montag und Freitag 18.00 bis 20.00 Uhr, Kurfürstenstr. 21

NÜRTINGEN: siehe GROSS BETTLINGEN

OBERHAUSEN
Deutsche Friedensgesellschaft Vereinigte Kriegsdienstgegner, Gruppe Oberhausen, c/o Jürgen Cotta, Karlstr. 17, 4200 Oberhausen 11, Tel.: 0208/667485 (Weiß), Beratung: Donnerstag, 19.30 bis 20.30 Uhr Jugendzentrum am Graf Haeseler-Platz

NIEFERN-ÖSCHELBRONN
Deutsche Friedensgesellschaft Vereinigte Kriegsdienstgegner, Gruppe Pforzheim, z. Hd. Martin Wiedemann, Johanneshaus – Am Eichelhof, 7532 Niefern-Öschelbronn, Tel.: 07233/671, Beratung: Freitag, 20.00–22.00 Uhr, Haus der Jugend, Pforzheim

NORDHORN
Deutsche Friedensgesellschaft Kriegsdienstgegner, Gruppe Nordhorn, c/o Axel Falk, Hüttenkamp 20, 4460 Nordhorn, Tel.: 05921/13959 Axel Falk, Beratung: Freitag, 19.30 Uhr Jugendzentrum, Denekamper Straße

OCHTRUP
Deutsche Friedensgesellschaft Vereinigte Kriegsdienstgegner, Gruppe Ochtrup, c/o Michael Nienhaus, Taubenstr. 27, 4434 Ochtrup 1, Beratung: mittwochs 18.00 Uhr bis 20.00 Uhr in der Taubenstraße

OETIGHEIM
Deutsche Friedensgesellschaft Vereinigte Kriegsdienstgegner, Gruppe Rastatt, c/o Hans-Jürgen Kobus, 7556 Oetigheim, Beratung nach Vereinbarung

OFFENBACH
Deutsche Friedensgesellschaft Vereinigte Kriegsdienstgegner, Gruppe Offenbach, c/o Thomas Stiefel, Tauberweg 26, 6050 Offenbach, Tel.: 0611/855329 (Stiefel), Beratung: Dienstag, 18.00 bis 20.00 Uhr, Zentrum II, Hospitalstr. 14

OFFENBURG
Deutsche Friedensgesellschaft Vereinigte Kriegsdienstgegner, Gruppe Mittelbaden, c/o Ernst Rattinger, Uhlandstr. 5, 7600 Offenburg, Tel.: 0781/32219, Beratung: Montag, 20.00 Uhr Hauptstr. 13 HH, Offenburg; Montag 20.00 Uhr Jugendzentrum Bergstr. 28, Lahr; Donnerstag, 20.00 Uhr Jugendzentrum Am Marktplatz, Kehl; jeden letzten Sonntag im Monat im «Ratskeller», 10.00 Uhr, Hausach

OLDENBURG
Deutsche Friedensgesellschaft Vereinigte Kriegsdienstgegner, Gruppe Oldenburg, c/o Michael Bättig, Lindenallee 6, 2900 Oldenburg, Beratung: mittwochs, 17.00 bis 19.00 Uhr, DGB-Haus, Kaiserstr. 4–6, Oldenburg

OSNABRÜCK
Deutsche Friedensgesellschaft Vereinigte Kriegsdienstgegner, Postfach 1721, 4500 Osnabrück, Tel.: 05481/4716 (Teepe), Beratung: dienstags 20.00 Uhr Haus der Jugend, Raum 13

PADERBORN
Deutsche Friedensgesellschaft Vereinigte Kriegsdienstgegner, Gruppe Paderborn, c/o Ursula Schumann, Franziskanergasse 12, 4790 Paderborn, Beratung: mittwochs, 19.00 Uhr im HOT, Marienstr. 24

PIRMASENS
Deutsche Friedensgesellschaft Vereinigte Kriegsdienstgegner, Gruppe Pirmasens, c/o Thomas Schmenger, Kanzelstr. 20, 6780 Pirmasens

RASTATT: siehe OETIGHEIM

RECKLINGHAUSEN
Deutsche Friedensgesellschaft Vereinigte Kriegsdienstgegner, c/o Jürgen Pawlik, Taubenstr. 42, 4350 Recklinghausen, Tel.: 02361/82167, Beratung: 14-tägig freitags ab 19.30 Uhr Heinrich-Pardon-Haus, Graveloher Weg/Wiechernstraße, Recklinghausen Ost

REGENSBURG
Deutsche Friedensgesellschaft Vereinigte Kriegsdienstgegner, Glockenstraße 7, 8400 Regensburg, Tel.: 09404/2133 (Winfried Berner), Beratung: Montag und Donnerstag, 18.30 bis 20.00 Uhr, Glockenstraße

REUTLINGEN: siehe ENINGEN

RHEDA-WIEDENBRÜCK
Deutsche Friedensgesellschaft Vereinigte Kriegsdienstgegner e. V., Gruppe Gütersloh, c/o Andreas Loth, Elsa-Brandström-Str. 37, 4840 Rheda-Wiedenbrück, Tel.: 052420/44907

RHEINE
Deutsche Friedensgesellschaft Vereinigte Kriegsdienstgegner, Gruppe Rheine, c/o Axel Rogowski, Dabrockstr. 66, 4440 Rheine 1, Tel. 05971/56705 (Rogowski)

RIESWEILER
Deutsche Friedensgesellschaft Vereinigte Kriegsdienstgegner, Gruppe Simmern, c/o Josef Trauth, Kegelbahn 7, 6541 Riesweiler, Tel.: J. Trauth 06761/4684, Beratung: dienstags, 14tägig um 19.30 Uhr im Altenraum des Schlosses Simmern

ROSENHEIM
Deutsche Friedensgesellschaft Vereinigte Kriegsdienstgegner, Gruppe Rosenheim, c/o Stefan Neuhäuser, Großholzstr. 40, 8200 Rosenheim, Beratung: Rosenheim «Drei Linden», Kneipe, montags 18.00 Uhr

SAARBRÜCKEN
Deutsche Friedensgesellschaft Vereinigte Kriegsdienstgegner, c/o Michael Adam, Am Torhaus 21, 6600 Saarbrücken, Tel.: 0681/45376, Beratung: Jeden 1. Donnerstag im Monat um 19.30 Uhr im Jugendzentrum Försterstr. Zimmer 206

ST. INGBERT
Deutsche Friedensgesellschaft Vereinigte Kriegsdienstgegner, c/o Thomas Roß, Auf Mühlental 1 b, 6670 St. Ingbert, Beratung: freitags 20.30 Uhr, Paul-Doormann-Schule

SELIGENSTADT
Deutsche Friedensgesellschaft Vereinigte Kriegsdienstgegner, c/o Dieter Burkard, Postfach 1207, Grabenstr. 60, 6453 Seligenstadt, Tel.: 06182/3568 D. Burkard, Beratung: Samstag, 15.00–17.00 Uhr, Grabenstr. 25

SENDENHORST
Deutsche Friedensgesellschaft Vereinigte Kriegsdienstgegner, Gruppe Sendenhorst/Drensteinfurt, c/o Jochen Röttger, Neustr. 24, 4401 Sendenhorst
Deutsche Friedensgesellschaft Vereinigte Kriegsdienstgegner, c/o Klaus Gith, Nordgraben 16, 4401 Sendenhorst, Tel.: 02526/751, Beratung: jeden 1. und 3. Mittwoch im Monat um 19.30 Uhr im Jugendclubhaus Burbecksort, 4730 Ahlen, in den Ferien Sonderregelung!

SIEGEN
Deutsche Friedensgesellschaft Vereinigte Kriegsdienstgegner, c/o Frank Meyer, Tiergartenstr. 25, 5900 Siegen, Beratung: Mittwoch, 19.30 Uhr im Studentenwohnheim im kleinen Klubraum, Burgstr. 20, jeden 1. Dienstag im Monat, 19.30 Uhr Gemeindezentrum, Jugendetage, 5910 Kreuztal-Forndorf

SIMMERN: siehe RIESWEILER

SOLINGEN
Deutsche Friedensgesellschaft Vereinigte Kriegsdienstgegner, c/o Gisela Keil, Postfach 101071, Rudolf-Schwarz-Str. 4, 5650 Solingen 1, Tel.: 02122/14031, Beratung: Dienstag, 19.00 bis 20.00 Uhr, DGB-Haus Solingen, Kölner Straße, 2. Etage, Zi. 21

SPEYER
Deutsche Friedensgesellschaft Vereinigte Kriegsdienstgegner, c/o Klaus Wenz, Peter-Drach-Str. 3, 6720 Speyer, Beratung: dienstags, 14.00–18.00 Uhr

SCHWALMSTADT
Deutsche Friedensgesellschaft Vereinigte Kriegsdienstgegner, Gruppe: Schwalmstadt, c/o Wolfgang Spanknebel, Postfach 1154, Steingasse 32, 3578 Schwalmstadt, Beratung: Mittwoch, 19.30 Uhr Jugendbude Treysa, Steingasse im Hospital

SCHWEINFURT
Deutsche Friedensgesellschaft Vereinigte Kriegsdienstgegner, c/o Michael Meyer, Klingenhöhe 5, 8720 Schweinfurt, Tel.: 09721/21759, Beratung: jeden Montag von 19.30–21.00 Uhr im Friedrich-Rückert-Bau/Clubraum 103

SCHÖFFENGRUND
Deutsche Friedensgesellschaft Vereinigte Kriegsdienstgegner, Gruppe Lahn-Dill, c/o Volker Klum, Vor dem Kies 4, 6331 Schöffengrund

SCHONDORF
Deutsche Friedensgesellschaft Vereinigte Kriegsdienstgegner, Gruppe Schondorf, c/o Eric Hofmann, Stuifenweg 12, 7060 Schondorf, Tel.: 07181/83450, Beratung: Donnerstag, 20.00 Uhr im Jugendzentrum Hammerschlag in Schondorf

STEINBERG
Deutsche Friedensgesellschaft Vereinigte Kriegsdienstgegner, Gruppe Freising, Josef-Winter-Str. 17, 8381 Steinberg 24, Tel.: 08161/83526

STUTTGART
Deutsche Friedensgesellschaft Vereinigte Kriegsdienstgegner e. V., c/o Bettina Hummel, Ebniseestr. 8, 7000 Stuttgart, Beratung nach Vereinbarung

STUTTGART
Deutsche Friedensgesellschaft Vereinigte Kriegsdienstgegner e. V., Paulinenstr. 49, 7000 Stuttgart 1, Tel.: 0711/620910, Beratung: Dienstag, 19.00 bis 22.00 Uhr Jugendhaus Mitte, Hohe Str. 9, Montag bis Freitag in der Paulinenstraße 49

TAMM
Deutsche Friedensgesellschaft Vereinigte Kriegsdienstgegner e. V., Gruppe Ludwigsburg, c/o Wolfgang Grossbach, Talallee 78, 7146 Tamm, Tel.: 07141/460576, Beratung: Dienstag, 19.00 Uhr, Jugendhaus Villa 5, Pflugfelder Str. 5, 7140 Ludwigsburg, Tel. 18423

TRAUNREUT: siehe TRAUNWALCHEN

TRAUNWALCHEN
Deutsche Friedensgesellschaft Vereinigte Kriegsdienstgegner, Gruppe Traunreut, c/o Klaus Wagner, Hörzingerstr. 9, 8221 Traunwalchen, Tel.: 08669/2503 H. Fenzel, Beratung: Mittwoch, 19.30 Uhr, Club Stiege (Teestube) in Trostberg, jeden letzten Mittwoch im Monat um 19.30 Uhr im Jugendzentrum in Traunreut

TRIER
Deutsche Friedensgesellschaft Vereinigte Kriegsdienstgegner e. V., Gruppe Trier, c/o Friedhelm Reitz, Saarburger Str. 9, 5500 Trier, Beratung: Freitag ab 18.00 Uhr JZ Exellenzhaus, Zurmaienerstr. 114

TÜBINGEN
Deutsche Friedensgesellschaft Vereinigte Kriegsdienstgegner, Seelhausgasse 3 oder Postfach 2627, 7400 Tübingen, Tel.: Verein f. Friedenspädagogik von 8.00–12.00 Uhr und 14.00–17.00 Uhr, Beratung: Mittwoch, 19.00 Uhr Schlatterhaus

UELZEN
Deutsche Friedensgesellschaft Vereinigte Kriegsdienstgegner, Gruppe Uelzen, c/o Jugendfreizeitheim, Ilmenauufer 25, 3110 Uelzen 1

ULM
Deutsche Friedensgesellschaft Vereinigte Kriegsdienstgegner, Rothstr. 35, Postfach 1622, 7900 Ulm, Tel.: 06478/384794 Alfred Moos, Beratung: Donnerstag, 17.00– 20.00 Uhr, Kronengasse 2

VELBERT
Deutsche Friedensgesellschaft Vereinigte Kriegsdienstgegner, c/o Gertrud Wolferts, Parkstr. 16, 5620 Velbert 1, Tel.: 02124/54186, Beratung: donnerstags 17.00 bis 19.00 Uhr Pfarrer Friedhelm Richter, Bergische Str. 54, 5620 Velbert 1, Tel.: 54520, freitags 18.00–19.00 Uhr Pfr. Jost Ebel, Am Lieversholz 16, 5620 Velbert 1, Tel.: 52465

VÖLKLINGEN
Deutsche Friedensgesellschaft Vereinigte Kriegsdienstgegner, c/o Christoph Vogel, Hohenzollernstr. 6, 6620 Völklingen, Beratung: wie Saarbrücken

VOGT
Deutsche Friedensgesellschaft Vereinigte Kriegsdienstgegner, c/o Heinz Möller, Flammenstr. 28, 7981 Vogt

WACHENHEIM
Deutsche Friedensgesellschaft Vereinigte Kriegsdienstgegner, Gruppe Bad Dürkheim, c/o Thomas Fischer, Im Sandgarten 7, 6706 Wachenheim, Beratung: donnerstags um 19.00 Uhr im Haus der Jugend

WALDSHUT
Deutsche Friedensgesellschaft Vereinigte Kriegsdienstgegner, Gruppe Waldshut, c/o Edgar Müller, Schluchttalstr. 8, 7890 Waldshut-Gurtweil, Tel.: 07741/5506, Beratung: Montag 20.00 Uhr Café Kaiser in Waldshut

WEISENBACH
Deutsche Friedensgesellschaft Vereinigte Kriegsdienstgegner, Gruppe Baden-Baden, c/o Joachim Krieg, Wandweg 230, 7576 Weisenbach i. M., Tel.: 07221/65937, Beratung: Mittwoch, 19.00–20.00 Uhr im Jugendzentrum «Rübe»

WESTOVERLEDINGEN
Deutsche Friedensgesellschaft Vereinigte Kriegsdienstgegner, Gruppe Leer, c/o Werner Eggers, Patersweg-Süd 31, 2957 Westoverledingen 3, Tel.: 0491/61839 Remmer, Beratung: Dienstag 20.00 bis 22.00 Uhr Jugendzentrum Friesenstraße in Leer

WIESBADEN
Deutsche Friedensgesellschaft Vereinigte Kriegsdienstgegner, c/o Käthe Berneis, Adolfsallee 8, 6200 Wiesbaden, Tel.: 06121/376614, Beratung: donnerstags, 19.00 Uhr im DFG-VK-Büro, Adolfsallee 8

WILHELMSHAVEN
Deutsche Friedensgesellschaft Vereinigte Kriegsdienstgegner, Gruppe: Wilhelmshaven, Postfach 303, 2940 Wilhelmshaven, Tel.: 04461/81270, Beratung: jeden zweiten und vierten Dienstag im Monat 20.00 Uhr im Pumpwerk-Nebengebäude Wilhelmshaven an der Deichbrücke

WIPPERFÜRTH
Deutsche Friedensgesellschaft Vereinigte Kriegsdienstgegner, c/o Wolfgang Klatt, Fritz-Volbach-Str. 31, 5272 Wipperfürth, Tel.: 02281/88780, Beratung: samstags 15.00 bis 17.00 Uhr Bahnhofsgaststätte Wipperfürth

WISSEN siehe BUCKHAUSERHÖHE-STECKENSTEIN

WITTLICH
Deutsche Friedensgesellschaft Vereinigte Kriegsdienstgegner, Gruppe Wittlich, c/o Thomas Weller, Pleiner Weg 67, 5560 Wittlich, Tel.: 06571/7227 (Thomas Weller), Beratung nach Vereinbarung

WITTEN
Deutsche Friedensgesellschaft Vereinigte Kriegsdienstgegner e. V., Gruppe Witten, c/o Joachim Schramm, Am Stadion 8 a, 5810 Witten, Tel.: 02302/12873, Beratung mittwochs, 19.30 Uhr im Haus der Jugend, Nordstraße

WOLFENBÜTTEL
Deutsche Friedensgesellschaft Vereinigte Kriegsdienstgegner, Gruppe Wolfenbüttel, c/o Daniel Killy, Adenemer Weg 13, 3340 Wolfenbüttel, Tel.: 05331/74939

WORMS
Deutsche Friedensgesellschaft Vereinigte Kriegsdienstgegner e. V., c/o Gerald Hebling, Rathenaustr. 27, 6520 Worms, Beratung: Dienstag, 20.00 Uhr im Evangelischen Gemeindezentrum Neuhausen, Stiftstr. 13

WÜRZBURG: siehe GIEBELSTADT

WUPPERTAL
Deutsche Friedensgesellschaft Vereinigte Kriegsdienstgegner, Börse Hofkamp 82/84, 5600 Wuppertal 1, Tel.: 0202/623315, Beratung: Donnerstag, 19.00 Uhr Börse, Hofkamp 82/84, Wuppertal-Elberfeld

Interessenverbände

Die politische, gewerkschaftliche und juristische Interessenvertretung der Zivildienstleistenden erfolgt durch die Selbstorganisation der Zivildienstleistenden (SOdZDL), die Deutsche Friedensgesellschaft-Vereinigte Kriegsdienstgegner (DFG-VK) und die Zentralstelle für Recht und Schutz der Kriegsdienstverweigerer.

Deutsche Friedensgesellschaft
Vereinigte Kriegsdienstgegner
Bundesvorstand, Referat Zivildienst
Rellinghauser Str. 214
4300 Essen 1

Selbstorganisation Zivildienstleistender (SOdZDL)
Hochstr. 56
6000 Frankfurt 1

Zentralstelle für Recht und Schutz
der Kriegsdienstverweigerer
Donandtstr. 4
2800 Bremen

Kirchliche Stellen

Die evangelische und die katholische Kirche unterhalten Arbeitsstellen der Seelsorge für Zivildienstleistende und zur Betreuung der Kriegsdienstverweigerer. In diesen Stellen gibt es kirchliche Beauftragte, die für Belange von Zivildienstleistenden zuständig sind. Nähere Auskunft geben:

Evangelische Arbeitsgemeinschaft zur Betreuung der
Kriegsdienstverweigerer (EAK)
Donandtstr. 4
2800 Bremen 1

Katholische Arbeitsstelle für
Kriegsdienstverweigerer
(KAK)
Königstr. 3
5000 Köln 1

Auskunft über Zivildienstplätze

Listen und Auskünfte über «anerkannte Einrichtungen», also Zivildienststellen, bei denen man Dienst leisten kann, können bei DFG-VK-Gruppen eingesehen oder bei folgenden Stellen angefordert werden:

Diakonisches Werk
Stafflenbergstr. 76
7000 Stuttgart 1

Deutscher Caritas-Verband
Schließfach 420
7800 Freiburg

Deutsche Krankenhausgesellschaft
Tersteegenstr. 9
4000 Düsseldorf

Deutsches Rotes Kreuz e. V.
Friedrich-Ebert-Allee 71
5300 Bonn

Arbeiterwohlfahrt e. V.
Ollenhauerstr. 3
5300 Bonn

Zivildienst im Ausland

Über die wenigen Möglichkeiten, einen Dienst im Ausland zu leisten, der als Zivildienst anerkannt wird, informieren:

Aktionsgemeinschaft
Dienst für den Frieden
Malteserhof
5330 Königswinter 1

Aktion Sühnezeichen
Jebenstr. 1/V
1000 Berlin 12

Behörden

Bundesamt für Zivildienst
Sibille-Hartmann-Str. 2
5000 Köln 51

Bundesminister für
Arbeit und Sozialordnung
Bonner Str. 85
5300 Bonn-Duisburg

Bundesbeauftragter für den
Zivildienst Hans Iven
Postfach
5300 Bonn-Lengsdorf

Literatur zum Themenbereich Kriegsdienstverweigerung

Winfried Schwamborn, Handbuch für Kriegsdienstverweigerer. Kleine Bibliothek, Bd. 18. Pahl-Rugenstein-Verlag

Bernd W. Kubbig, Kirche und Kriegsdienstverweigerung. Urban-Taschenbücher, Bd. 606

Klaus Mannhardt/Winfried Schwamborn, Schwarzbuch Kriegsdienstverweigerung. Pahl-Rugenstein-Verlag

Albert Krölls, Kriegsdienstverweigerung. Grundrecht zwischen Gewissensfreiheit und Kriminalität. Verlag W. Hübner, Leverkusen

Klaus Mannhardt/Winfried Schwamborn, Zivildienst. Ein Handbuch. Kleine Bibliothek, Bd. 94, Pahl-Rugenstein-Verlag

Broschüren:

Katholische Arbeitsgemeinschaft für Kriegsdienstverweigerung und Zivildienst, Kirche und Kriegsdienstverweigerung, Pax Christi (Anschrift: Windmühlenstr. 2, 6 Frankfurt/Main 1, Aktiver Friedensdienst, Kriegsdienstverweigerung

Broschüren, die von der DFG-VK im Eigenverlag herausgegeben wurden:

Kriegsdienstverweigerung ein Menschenrecht. Dokumente der Diskussion in der UNO, DFG-VK extra 3

Guido Grünewald, Geschichte der Kriegsdienstverweigerung. Mit einer Dokumentation Deutsche Kriegsdienstverweigerer von 1650 bis 1945, DFG-VK extra 4

Dein Recht, den Kriegsdienst zu verweigern. Ein Kurzleitfaden mit Fragenkatalog

Außerdem gibt es folgende mehr politisch-theoretische Ausarbeitungen:

Dieter Blumenwitz, Wehrpflicht und Zivildienst. Die Auseinandersetzung vor dem Bundesverfassungsgericht. Olzog Verlag/Berichte und Studien der Hanns-Seidel-Stiftung

Friedensanalysen Band 7. Jungsozialisten und Jungdemokraten zu Kriegsdienstverweigerung und Friedens- und Sicherheitspolitik. edition Suhrkamp 955

Bernd Eisenfeld, Kriegsdienstverweigerung in der DDR – ein Friedensdienst? Verlag Haag und Herchen

Bundeszentrale für Politische Bildung in der Reihe Kontrovers: Wehrpflicht, Kriegsdienstverweigerung, Zivildienst, Wehrgerechtigkeit

die mit dem panther

Herausgegeben von Uwe Wandrey

Brigitte Rohkohl
Rockfrauen

Dieser Band stellt Frauen vor, die die deutsche Rockszene bestimmen; erfolgreiche wie Nina Hagen, Inga Rumpf oder die Schweizer Gruppe Kleenex, aber auch weniger bekannte, Aussteiger oder beinah vergessene wie die Liverbirds. Interviews, Fotos, Hintergründe, Zusammenhänge. Für die, die mehr als die Musik hören wollen.
(rororo Band 4454)

Harald Tondern
Colombian Connection
Drogenkrimi

Martin denkt, er ist runter vom Heroin, doch ein Freund zeigt ihm in Hamburg seine Beute – 5 Kilo reines H. Logisch, daß soviel Stoff für action auf der norddeutschen Szene sorgt. Bei den Fixern. Bei den Dealern. Bei der Polizei.–
Und bei der „Colombian Connection" in den USA. Die läßt sich nicht so einfach linken.
(rororo Band 4455)

Rüdiger Nüchtern:
Schluchtenflitzer
Filmroman

Wenn sich der Abendhimmel hinter dem Schwaigerhof verfärbt, dann liegen Andy und seine Freunde flach auf ihren Mopeds und jagen dorthin, wo was los ist: in die überfüllte Land-Disco „Krautcity", mit ihren Mädchen ins Autokino oder einfach nur querfeldein in die freie Ferne. Andy hat keine Lust, den Hof zu übernehmen und sich wie seine Eltern abzurackern. „Verkauft's doch den Grund und macht's Euch ein schönes Leben!" Aber die haben kein Verständnis für seine ausgeflippten Ideen.
Das Buch zum Kinofilm „Schluchtenflitzer" mit über 400 Fotos.
(rororo Band 4481)

Jan Hans (Hg.)
Aber besoffen
bin ich von dir
Liebesgedichte

„Oh sieh mich an / ich beiße dich."
„Irgend etwas hält mich ab / dich zu lieben."
„miteinander / langsam alt / und verrückt werden" (Kiwus)
Drei Ausschnitte aus den über einhundert Gedichten dieser Sammlung. Dreiunddreißig Autorinnen und fünfundvierzig Autoren schreiben von der Lust und der Schwierigkeit, einen anderen zu lieben.
(rororo Band 4456)

rororo

975/2

die mit dem panther

Herausgegeben von Uwe Wandrey

**Roswitha Fröhlich:
Ich konnte einfach nichts sagen.
Tagebuch einer Kriegsgefangenen**

Tiefflieger greifen Heidelberg an, als die zwanzigjährige Roswitha im November 44 getraut wird. Im Januar folgt sie ihrem Mann, der als Truppenarzt in ein frontnahes Lazarett versetzt wird. Dort erlebt sie den erbärmlichen „Heldentod" unzähliger „Vaterlandsverteidiger". Plötzlich sind amerikanische und belgische Soldaten im Haus. Roswitha und ihr Mann werden voneinander getrennt und als Kriegsgefangene nach Frankreich abtransportiert. Hinter Roswitha ist eine Welt zusammengebrochen – aber es war nicht die ihre. Trotzdem kann sie einfach nichts sagen, als der amerikanische Offizier sie nach ihrer Gesinnung und nach Hitler ausfragen will.
(rororo Band 4470)

**Kein schöner Land?
Deutschsprachige Autoren zur Lage der Nation.
Herausgegeben von Uwe Wandrey**

Wie denken, wie schreiben die deutschen Autoren über ihr Land? Gedichte, Gedanken, Satiren, Artikel und Glossen von Menschen, denen die Zukunft ihres Landes nicht gleichgültig ist.
(rororo Band 4458)

**Angelika Mechtel
Wir sind arm wir sind reich**

In diesem autobiographischen Roman erzählt Angelika Mechtel aus der Sicht des Mädchens Marnie: Jugend im Nachkriegsdeutschland der fünfziger Jahre.
(rororo Band 4459)

**Udo Lindenberg: Hinter all den Postern.
Aufgerissen von Steve Peinemann**

Das erste Buch von und mit Udo Lindenberg. Die Geschichte und der Alltag eines Rock-Stars, der erlebt hat, was er singt. Dem der Erfolg noch nicht zu Kopf gestiegen ist. Fotos. Zeichnungen von ihm selbst.
(rororo Band 4522)

rororo

975/2a

rororo aktuell

Herausgegeben von Freimut Duve

Industriekritik und Ökologie

Altner, Günter/Amery, Carl/ Jungk, Robert/Lovins, Amory B. u. a.
Zeit zum Umdenken! Kritik an v. Weizsäckers Atom-Thesen Herausgegeben von Siegfried de Witt und Hermann Hatzfeldt (4521)

Atommüll oder Der Abschied von einem teuren Traum. Arbeitsgruppe «Wiederaufarbeitung» (WAA) an der Universität Bremen (4117)

Commoner, Barry
Energieeinsatz und Wirtschaftskrise Die Grundlage für den radikalen Wandel (4193)

Gaul, Ewald
Atomenergie oder Ein Weg aus der Krise? (1773)

Gorz, André
Ökologie und Politik. Beiträge zur Wachstumskrise (4120)

Ökologie und Freiheit Beiträge zur Wachstumskrise 2 (4429 – in Vorbereitung)

Harich, Wolfgang
Kommunismus ohne Wachstum? Gespräche mit Freimut Duve. Durchgesehene und erweiterte Fassung (Arbeitstitel) (4528 – in Vorbereitung)

Illich, Ivan
Die sogenannte Energiekrise oder Die Lähmung der Gesellschaft (1763)

Illich, Ivan u. a.
Entmündigung durch Experten Zur Kritik der Dienstleistungsberufe (4425)

Kraatz, Birgit (Hg.)
Seveso oder Wie Verantwortung zur Farce wird. Ein Lehrstück, aus dem die Großchemie nichts gelernt hat (4349)

Peter-Habermann, Inge
Kinder müssen verunglücken Von der Aussichtslosigkeit, bei uns Kinder vor Autos zu schützen (4267)

Gorleben ist überall Herausgegeben von der Bürgerinitiative Lüchow-Dannenberg (4427 – in Vorbereitung)

Strasser, Johano
Die Zukunft der Demokratie. Grenzen des Wachstums – Grenzen der Freiheit? (4118)

Traube, Klaus
Wachstum oder Askese? Kritik der Industrialisierung von Bedürfnissen (4532)

Turner, John F. C.
Verelendung durch Architektur «Housing by People». Plädoyer für eine politische Gegenarchitektur in der Dritten Welt (4264)

Wüstenhagen, Hans-Helmut
Bürger gegen Kernkraftwerke Wyhl – der Anfang? (1949)